燃烧激情，做智慧的教师

钟发全　编著

天津教育出版社

内容简介

这是一本探讨教师教育激情智慧的专著。全书从多个角度解析教育激情理性燃烧的内蕴,力求让更多的人铸就不朽的人生。全书六个章节,阐述了激情燃烧的目的,追逐教育的尊严;激情燃烧的价值层次;科学地让激情燃烧;激情燃烧的瓶颈;激情燃烧是一个长效工程;因充满激情而一生有成就感。全书理性的深思与案例的评述相结合,是本书的最大特点。通过本书的阅读,你将彻底明白:激情成就自己,激情成就事业。

图书在版编目(CIP)数据

燃烧激情,做智慧的教师 / 钟发全主编.—天津 :
天津教育出版社,2013.5
ISBN 978 - 7 - 5309 - 7253 - 3

Ⅰ.①燃⋯ Ⅱ.①钟⋯ Ⅲ.①教师—工作 Ⅳ.
①G451

中国版本图书馆 CIP 数据核字(2013)第 117434 号

燃烧激情,做智慧的教师

出 版 人	胡振泰	

主 编	钟发全	
责任编辑	谢 芳	

出版发行	天津教育出版社
	天津市和平区西康路 35 号
	邮政编码 300051
经 销	全国新华书店
印 刷	河北伟琪印刷有限公司
版 次	2013 年 7 月第 1 版
印 次	2016 年 4 月第 3 次印刷
规 格	32 开(880×1230 毫米)
字 数	225 千字
印 张	9

定 价	20.00 元

前　言

　　曾经到过不少地方，每到一处，都有很多人问我一个相同的问题：教育原规则是什么？每次我都是先引用《校长原规则》一书的封面上的解释，然后用一句简洁的话总结：原规则关注的就是秩序。我们在《教师不跪着成长》一书中也曾说过这样一句话："世间万物都有一个秩序。世界上最乱的地方，莫过于心绪。只要将心绪理顺，一切都顺了，都和谐了。"

　　一直以来，我们都认为，教育改革就是一个教育秩序的调整。或重新部署，打破一个旧有的，建立一个新生的；或回归原点，一切从头再来，促进内涵发展。当一切都变得那么合乎情理，变得那么顺应自然，变得那么井井有条时，改革就进入了良性发展阶段。

　　很长一段时间，我们都在努力寻找适合教育发展的秩序。我们从学校管理入手，从教师的素养、课堂的秩序和学生学习的规律等方面探讨教育规律，力求找到教育发展的秩序。不过，要找到适宜的教育新秩序不是一件容易的事。因为，以前的教育秩序不一定都需要重新调整，而重新建立的新教育秩序必须接受实践的检验，在选择之间又总是困难重重，让我们身感前行的每一步走得并不轻松。

（一）

　　先前，我们出版了多本"教育原规则系列丛书"，最近又再次完成了 4 本书稿。由于我们的思维方式已经定型，加上选题都涉及教育秩序的调整。为此，我们依旧将这几本纳入了"教育原规则丛书"系列，也包括这一本《燃烧激情，做智慧的教师》。

朋友们，你们可知道，要开辟一方新的教育天地，而后像掘矿一样向前推进，这并不是一件容易的事，我们前行的路上总是困难重重。好在我们此前的努力，得到了千千万万个读者的认可，他们或纷纷来信鼓励，或写出书评在《人民教育》、《教育时报》等媒体报刊上刊出，对我们的努力给予褒扬，才让我们没有停下前行的脚步。

"前行的路上，倍感迷茫的时候，重要的是走好眼前这几步。"在探究教育原规则、描绘一幅幅新的教育图画时，我们始终牢记着这句话。自从装魔鬼的瓶盖被打开之后，我和团队的朋友们绞尽脑汁，经过多少个夜晚挑灯苦读，黑发熬白，现呈现给你们这一本小册子，哪怕只能让你们看清眼前这几步，我们也感到很欣慰。

（二）

这一本书，我们探讨的教师的教育激情，属于感性层面的东西，借此探究教师人生价值的规律，是我们研究的初衷。我们知道，世间万物因为激情而繁衍生息，因为激情而火花四溅，因为激情而硕果累累。教育作为我们一生的职业，我们因激情而视之为事业，从而延伸我们成长的动力。就像每周一早上，当《义勇军进行曲》响彻校园的升旗时刻，我们站立在操场行注目礼，激情由此而在心中升腾。世间本没有无缘无故的激情，仅仅就因为一个场面，一种声音，一句告白，一个动作，我们便有了某种激情和冲动，便有了某种思想和行为。

对激情的理性解剖，是我们的追求。虽然人们有时会说"爱你没有商量，爱你没有理由"，其实在潜意识里，还是有理由的。我们时常发现，激情燃烧经常会出现杂乱性和不连续性，就像我们时常所说的"一个人做一件好事并不难，难的是一辈子做好事"一样，事实的背后都因为激情。为了教育事业，我们怎样将激情燃烧到底，这就是我们在此书中想和大家探寻的方向性问题。也许我们的解答不能为您提供太多的思考和探索，也许我们的解释还不全面，不深邃，但因此能引出相关话题，能与朋友们一块再探讨，这也是我们所希望的。

（三）

我们写作此书，历时半年。从立意、策划到结束整个书稿的写作，我与朋友们都是围绕"激情写作"而展开。我真诚地希望我们的写作者先成为有激情之人，而后燃烧起所有读者的激情。应该说，我们团队里的每一个人，都是激情无限的人啊！我们的目的，就像一本名著中曾说过的一句话，虽然柴薪燃烧尽矣，而火已接力。

"人的一生没有永恒激情便无作为！"这是我们在全书中论证的一个话题。近来读《爱弥尔》，卢梭说做有意义的人，应该有两种，一是做利于自己的人，一是做利于他人的人；最不可宽恕的是那些一生碌碌无为不利自己也不利他人的人。我们在这一本书中，采用的论证方法就是作对比，将为教育事业而作出贡献的人与误人子弟的教师作为对比，以进一步探讨人的一生激情永恒的前提、关键以及如何因激情而使我们的人生更有尊严。

（四）

我是一个易于感动的人。特别是对于一些新鲜事，只要是涉及教育中的人和事，当重新调整秩序时，常常会为之感动，而后激情持续燃烧很久。每当这时候，每当我回过头去审视自己的激情源头时，发现它已经是一种神韵，一种气质，一种精力，一种唤醒，一种责任，一种审美，一种诗意，一种品格……

不过，我也是一个思维易于疲软的人。理性的独霸之后，激情勃发而豁然敞亮之后，有时会产生危机感。不过，我会因为职业倦殆而呼唤激情，找到解决的办法，而后重新燃烧起激情。这就是我走累之后停歇下来，而后再前行的动力。

在解剖我自己的同时，我更想与读者朋友们一块前行。因为，只有我们携起手来，才不会出现孤掌难鸣的尴尬情形，才不至于出现独木难以支撑起燃烧之火堆的现象。

（五）

为什么要那样做？

出现了什么问题？

我们应该怎样做？

我们怎样做会更好？

……

整部书稿，我们将围绕这些不同的层面和侧面，对激情做深入探讨。如，我们在探索中发现：

燃烧的激情不同，其价值就不同。不同价值层次的激情，其差异是客观存在的。差异的存在，使教师自身体现出来的价值也不同。在这个意义上，造就激情燃烧的教师，就是造就激情燃烧的教育。

激情燃烧是一个哲学范畴，有其质、量、度。提高激情燃烧的质是教师的终极追求，控制激情燃烧的量是有效教育的基本策略，燃烧教师激情的度是实现教育幸福的重要保证。科学地让教师激情燃烧，他们的教育理想就不再遥远。

教育激情源于"一种抑制不住的渴望"，一种想探究教育内蕴的渴望。教师受环境、学生、管理等因素的制约和影响，很多人思想棱角被磨平，不少人个性被内隐。但只要细心观察，静心思考，就会发现：激情燃烧的心源于教师对职业的感悟和把悟，源于教师对职业道德和教育智慧的认同和倾情。迸发燃烧的激情，需要教师对自己的坚守，更需要教师对心灵的调整与突围，最终落脚到对职业道德的切实实践上。

教师的持续进步和持续发展需要满腔的激情来支撑。激情就像花儿的根系，没有它吸收养分，无论多么娇艳的花儿都会枯萎、凋谢，不会拥有结果的那一天。如此一来，教师的平庸就不难理解了。

一个生命不息、激情满怀的人，终究将是一个成就非凡的人。激情是成就人生的本钱，只有舍得将这本钱拿出来用的人，在工作中时间不够时用，精力不够时用，以此换来动力，换来孩子们的成长，这才会创造人生的价值啊！

拥有激情，人们才有前进的动力；拥有激情，人的生命才更有张力；拥有激情，大写的人字才更有内涵。大凡一个有成就的人，他的生命几乎与激情相伴，其成功的路上，起点有激情，尽头依旧有激情。

（六）

最后，想再言几句，想在教育这一领域里有所作为，只要您有十年磨一剑的精神，只要你充满荡气回肠的激情，你一定会成绩卓著的。

因为，调整好了我们一生中发展的秩序，就没有不成功的。

钟发全

2013 年 3 月

目　录

第一讲 拥有激情,拥有教育的尊严

什么是激情?这是一个比较模糊的概念。不过,激情与我们的生命息息相关,因为激情,我们才好好地活着;因为激情,我们的人生才有了价值。相反,那些没有激情的人,他们意志消沉,其人生也几乎是败走麦城。

激情是什么?激情是一种强烈的情感表现形式,往往发生在我们对教育事业的一种强烈责任感的刺激或突如其来的变化之后,它具有迅猛、激烈、难以抑制等特点。因为有了激情的支配,我们方才彰显出巨大的潜力。

对于激情的赞美,更多的在于我们发现教师的激情必须以燃烧的方式,才更有作为。在全书的开篇处,我们并非有规定他人该怎样过,不该怎样过之意。我们只是发现,教师如果没有激情,一定会碌碌无为。更为重要的是,这碌碌无为的一生,影响的不仅仅是自己,更可能是误人子弟。

教育这一育人的事业,其实就是一场火焰的接力。通过我们的笔,将您的激情与我们的激情融汇在一块,让我们每一个人都有成就感,这才是我们的真正目的。

也许我们今天的提议，将每一位教师的激情燃烧起来的时候，你就会赞同我们心地的真诚与善良。因为，为了教育事业而奉献，只要真正能让我们的人生发光，发热，哪怕一生为师，我们谁也无憾、无悔。

第一节　激情燃烧的表现形式

天地之间，无激情成就不了事业。亲爱的读者，愿我们的阐述，能让你感觉到激情是一种美好的召唤！

1989 年版《辞海》这样解释"激情"："迅速爆发，激动而持续时间短暂的情绪状态。如暴怒，恐惧，狂喜，绝望等。往往伴随着某些内部器官的激烈活动和明显的、爆发性的外部表现"。这个解释，学术性比较强，与我们在日常生活中的理解，有一定的距离，也与旧版辞海有一定的区别。1979 年版《辞海》对"激情"则是这样解释："一种强烈的情感表现形态，往往发生在强烈刺激或突如其来的变化之后，具有迅猛、激烈、难以抑制等特点。人在激情的支配下，常能调动身心的巨大潜力。"这样的解释，则比较容易理解。因为人们在生活和工作中，都会有这样的时刻，都有过这样的体验。用一句话概括，激情就是激烈的感情。

在历史上，大凡那些作出了不平凡业绩的伟人，他们都是热爱生活，激情澎湃的人。

70 多年前，湘江边上的那位少年，风流倜傥，意气风发，豪情满怀："恰同学少年，风华正茂；书生意气，挥斥方遒。指点江山，激扬文字，粪土当年万户侯。曾记否,到中流击水,浪遏飞舟!"激情,使这位少年胸怀大志,以天下为己任,"指点江山,激扬文字",竟把古代的那些王侯们都视作粪土,是何等的气魄,何等的心胸。果然,这位少年凭着自己的一腔热血,投身于救国救民的波澜壮阔的伟大运动,让江山披上了新的色彩,也让自己的人生辉煌而壮丽。

激情燃烧,一种激情勃发的状态,是人在激情刺激下的亢奋状态。对生活拥有激情,每天都是开心的、乐观的;对工作拥有激情,每天都是积极的、进取的、认真的、踏实的……今天,当我们手拿教鞭,走向讲台的时候,那一股股燃烧起来的对学生,对事业的激情仍然能够使我们信心百倍,去克服一个又一个困难,创造一个又一个新的辉煌。

让我们燃烧起激情吧,这一定是一件有意义的行动。因为,教师的激情,可以使一个个懵懂的孩子,成为国家的栋梁;教师的激情,可以让那些失学的孩子,又重新背起书包,走进教室;教师的激情,可以使我们自己焕发青春的光彩,创造出辉煌的教育人生。

激情燃烧的教师往往被称作激情教师,因为激情燃烧的背后,是每一位从事这一工作的教师付出的辛勤汗水,是解决一个个具体的问题后萌生出的一个个教育的机智。

1.打破倦怠后的一种神韵

何为"神韵"?"神韵"本来是一个美学上的概念,指一种理想的艺术境界,其美学特征是自然传神,韵味深远,天生化成而无人工造作的痕迹,体现出清空淡远的意境。通俗地说,神韵就是传神或有味。"神韵"还有其他的含义:①指人的神采,风度。②指文艺作品的情趣韵致。而在《现代汉语词典》中，"神韵"被解释为"精神韵致"，侧重于人的精神状态，精神面貌。其实，《现代汉语词典》的这一解释，包含了第一种含义，即"人的神采，风度"。因为"韵致"本来就指的是人的风度韵味。本书主要就是指这层含义。

原规则之一：教师激情燃烧时的神韵，将倦怠彻底驱散，让教师神清气爽。

那么，作为富有激情的教师，在工作中，应该是一种怎样的精神状态呢？

著名特级教师窦桂梅曾经说过："我呀，只要一上讲台，立刻来精神，跟服了兴奋剂一样"。中央电视台著名节目主持人倪萍也曾经说过，我只要一走进演播大厅，就感觉到神清气爽，精神焕发。

两位著名的成功人士，虽然从事的是不同的职业，但他们都有一个共同的特点：满怀激情。正是激情，让她们"立刻来精神，跟服了兴奋剂一样。"这就是一种精神的美。

教师的神韵，体现为一种职业的风采。教师的职业因工作的对象而具有特殊性。教师的工作对象是尚未成年的孩子，因此，教师因激情而展示的风采，就应该符合教师职业的特点。

有一位教师，早上起床后，匆匆洗漱、洗发后，穿上简单的牛仔裤和一件李宁牌长袖运动 T 恤，就赶往教室。一进教室，就迎来学生惊奇的眼光，"李老师今天真漂亮。""李老师头发放下来，真好看。"李老师的头发本来都是绑在后面的，因为头发未干所以就没有扎起来。又传来第一排一位同学的声音："真香！"他们一个个睁大眼睛，天真俏皮地望着李老师,等待着她的反应。因为平时和他们开惯了玩笑,学生也和她开起了玩笑。李老师笑了笑,"看来,我该去做这种洗发水的代言人了。洗后,不但好看还香气宜人。"引来了学生一阵会意的大笑。就在这种宽松的气氛下,开始了新的一节课。

这位教师的风采就很有职业的特点,符合学生的审美心理。其实,仅仅有教师的那身打扮,并没有什么新奇之处,她的课堂神奇就在于:几句玩笑所渲染的气氛。这是一种怎样的气氛?是一种轻松的气氛。这位教师的风采,首先是发型。由于教师这一天的发型比较特别,很容易吸引了学生的目光,更为重要的是,教师的这种发型又是他们能够欣赏的,理解的,并非是那种奇异的发型。其次是香味。这也是学生所喜爱的。当然,学生更喜爱的,还是教师的作风,教师的心态。这位教师并没有因为学生议论其头发与香味而训斥学生,而是顺着学生的思路,和学生开起了玩笑,从而引来了学生"一阵会意的大笑"。这就是现代教师应该具有的风采。

在教育改革的今天,我们一再强调要建立一种和谐的师生关系,其实,我们所需要的,正是这样的风采。

近几年,一个与教师有关的新的名词映入了我们的眼帘——职业倦怠。

在社会发生日新月异变化的今天,竞争越来越激烈,生活节奏日益加快,教师的工作压力也就越来越大,使得一部分教师不堪重负。他们没有及时调整好自己的心态,承受不了过大的压力,因而感到身心疲惫。这就是教师的职业倦怠。

据中国人民大学公共管理学院组织与人力资源研究所和新浪教

育频道联合开展的"2005年中国教师职业压力和心理健康调查"显示：有轻微工作倦怠的教师占被调查教师总数的86%，中度工作倦怠的教师占58.5%，比较严重的工作倦怠的教师占29%！这个调查不一定精确，但至少表明了一种令人忧虑的趋势。

目前，教师职业倦怠，其影响是巨大的，具体体现在：

(1)**缺乏发展的动力**。教师的发展，是需要动力的。但目前，教师职业发展的动力不足。原因很多，但有一点是明确的，那就是职业倦怠。职业倦怠让教师看不到自己职业的前景，使他们对自己的职业失去信心。试想，一个对自己的职业前景感到暗淡的教师，还会去花费精力在职业上谋求发展吗？一些教师培训，之所以有那么多的教师消极应付，职业倦怠的影响是不可忽视的。

(2)**享受不到职业带来的幸福**。教师职业的幸福，是教师从事教育工作，提升职业素养的重要动力。目前，我国中小学教师的职业幸福感如何？

北京市教育部门对该市15所小学554名教师的调查发现，58.46%的教师在工作中烦恼多于快乐；55.98%的教师经常患病或患慢性病；甚至还有3.64%的教师在校内很少同别人交往。

教师的神韵，就其实质而言，就是摆脱了精神的倦怠之后的一种外在表现。一位教师，如果长期处在精神倦怠之中，整天打不起精神，得过且过，还谈得上什么激情？还有神韵可言？正是激情，让教师走出了倦怠的困境，获得了新的职业生命。

那么，摆脱了精神倦怠之后，教师的神韵有是怎样的呢？

教师的神韵，体现为一种风度美。这里的风度，不仅仅是指外在的衣着、装饰等物质性的东西,更是指教师的精神风貌。例如教师的语言,就是一种风度。富有激情的教师,其语言是充满感情的,语言中蕴涵着对学生,对事业的深情。凡是听过窦桂梅老师讲课的人,无不被其激情的语言而感染。语言的磁性,就是激情渗透的结果。

有位教师将毛泽东的《沁园春·雪》课件做得非常漂亮,听课教师本以为是一堂精彩的课。可是,这节课却让听课教师很失望,学生一个个昏昏欲睡,听课教师也哈欠连连。原因是:缺乏激情。可见,漂亮的课件,并没有让这位教师上出一堂好课。

作为一线教师,我也曾经接触过这样一些教师。上课前的准备工作,不能说做得不充分,可是,课堂上的表现却让人失望。重要的原因就是:缺乏激情。他们精神不饱满,语言也单调乏味。这样的教师,就谈不上有神韵。语言的魅力,语言的韵致,是教师激情的显现。教师富有激情的语言,能够吸引学生的注意力,而且能在人的大脑皮层上留下较深的印痕,记忆也往往能巩固而持久。

➡ 案例1-1

下面是王崧舟老师《鱼游到了纸上》一课的精彩片段:

师:大家注意看,看青年是怎么画金鱼吹泡泡的动态的。(对那个学生说)准备好了吗？准备好了吗？预备,开始!

生:那位青年在静静地画画。他有时工笔细描,把金鱼的每个部位一丝不苟地画下来,像姑娘绣花那样细致;有时又挥笔速写,很快地画出金鱼吹泡泡的动态,仿佛金鱼在纸上游动。

师:画成了。我想问你一下,当你在画金鱼吹泡泡的时候,你还需不需要走到鱼缸边,在金鱼的面前看看它是怎么吐泡泡的啊?

生:需要!

师:还需要吗? 还需要吗?

生:不需要!

师:不需要! 为什么?

生:因为金鱼已经游到我的心里了。

师:好。金鱼吐泡泡的那个样儿那个动态,已经游到了你的——

生:心里。

师:好,请坐! 继续画画。(对回答"甩尾巴"的学生说)来,该你了,你画什么?

生:金鱼甩尾巴!

师:甩尾巴。好的,我们再注意看,预备,开始!

生:那位青年在静静地画画。他有时工笔细描,把金鱼的每个部位一丝不苟地画下来,像姑娘绣花那样细致;有时又挥笔速写,很快地画出甩尾巴的金鱼。

师:很快地画出金鱼——

师生:金鱼甩尾巴的动态。

师:再来!

生:很快地画出金鱼甩尾巴的动态,仿佛金鱼在纸上游动。

师:画成了。那么我想问你一下,当你在画金鱼甩尾巴的动态的时候,你还需不需要走到鱼缸边去看看金鱼是怎么在甩尾巴的?

生:不需要。

师:为什么?

生:因为我已经记住金鱼甩尾巴的样子。

师:你把它记到哪儿了?

生:心上。

师:好的,请坐!(对回答"吃东西"的学生说)该你画了,你画什么?

生:我画金鱼吃东西!

师:开始!

生:那位青年在静静地画画。他有时工笔细描,把金鱼的每个部位一丝不苟地画下来,像姑娘绣花那样细致;有时又挥笔速写,很快地画出吃东西的金鱼,仿佛金鱼在纸上游动。

师:画得太好了! 请问青年,当你在画金鱼吃东西的动态的时候,你还需不需要再走过去,走到金鱼缸边,去看看金鱼们是怎么在吃东西的?

生:不需要。

师:为什么?

生:因为金鱼吃东西的样子已经刻在我的心里了。

我们完全可以想象,此时的王老师,处在一种怎样的精神状态中。他用自己的语言,自己的情态,与学生对语,与作者对话。这就与那种干巴巴的,没有激情的教学,有着本质的区别。

教师的风采,还体现在其教育教学过程中的举手投足。给学生的一个"媚眼",一个热情的动作,都无不体现了教师对学生、对事业的激情。

可见,由激情所造就的神韵,竟是那么迷人,那么让人心旷神怡!

神韵，从根本的意义上来说，是一个美学上的范畴。处于激情状态中的教师，其外表是美丽的，是富有魅力的。

2. 高尚人格透出的一种气质

气质，本来纯粹是一个心理学概念。它是人的个性心理特征之一，指在人的认识、情感、言语、行动中，心理活动发生时力量的强弱、变化的快慢和均衡程度等稳定的动力特征。主要表现在情绪体验的快慢、强弱、表现的隐显以及动作的灵敏或迟钝方面，因而它为人的全部心理活动表现染上了一层浓厚的色彩。

气质是在人的生理素质的基础上，通过生活实践，在后天条件影响下逐渐形成，并受到人的世界观和性格等的控制。它的特点一般是通过人们处理问题、人与人之间的相互交往显示出来的，并表现出个人典型的、稳定的心理特点。

原规则之二：教师有怎样的人格，就有怎样的气质；高尚的人格显现为高雅的气质。

教师的气质，是一个比较"虚"而抽象的东西，三言两语难以说清。因此，常常被一些教师忽视。教师从事的是一种特殊的职业，在长期的职业活动中，无形中就会形成一种独特的职业气质。因工作对象的不同，其基本的气质也是不可能完全相同的。幼儿园的阿姨与高中教师，其职业气质就不完全相同。

其实，每个人都有自己的气质，只不过有的高雅，有的粗俗罢了。更为重要的是，教师的气质，是从高尚人格里透露出的。所谓高雅的气质,所谓低俗的气质,就其内在的蕴涵来说,就是人格的具体体现。教师应该具有特别高雅的气质,因为教师是人类灵魂的工程师,是学生知识的传播者、智慧的启迪者和心灵的陶冶者。教师不仅要把知识传授给学生,更重要的是要以自己的人格魅力去影响学生,使他们成为高尚的人,有智慧的人。可以肯定的是,富有激情的教师,一定是人格高尚的教师,一定是有高雅气质的教师。

有人说,"没有必要挑剔教师的长相,但是,教师应该有某种职业尊严感和内在的精神气质。有良好的精神气质的人并不见得优秀、卓越,但他至少不至于猥琐、琐碎、残忍、狠毒、出卖朋友、当面嘻嘻哈哈而在背后下毒手。"气质一旦与精神相结合,就有了新的内涵。它告诉我们:教师的气质,其实并不是简单的外在的包装,而是内在精神的外在显现。

教师的气质,是其人格的体现,也是长期修养的结果。富有激情的教师,应该有着优雅气质的。

→ 案例1-2

刘可钦,北京市海淀区中关村第四小学的校长,特级教师,北师大兼职教授,全国教育系统劳动模范、全国优秀教师、第三届全国十佳中小学青年教师。在她的课堂上,教师对每个学生充满着爱心和信心,学生们不仅积极主动地参与,生动活泼地学习,而且和教师配合默契,对教师充满着敬爱之情。这不是一名普通的教学能手所能达到的。在她的身上,二十多年教师生涯中,她满怀着对学生、对教育的激情,长期的历练,已洗净了身上的浮躁、倦怠、困顿、偏激……

中国教育学会会长顾明远教授说她有一种"高雅、睿智、亲和、自信的气质"。

刘老师的身上,体现出的就是一种高贵的气质。她20多年的工作经历,充分印证了"激情造就高尚的人格,高尚的人格成就优雅的气质"这一理念。刘老师的学生是幸福的。

缺乏激情的教师,哪怕工作的时间再长,也不可能在人格上进行修炼,仍可能在原地踏步,一直重复着原先的自己!

如今,新课程的实施已经进入了深水区,需要每一位教师深入探讨,努力实践,创造新的经验,走出新的路子,呼唤大批具有高尚人格、创新气质的教师脱颖而出。在教师充满热情的精神的推动下,创造出新的业绩。

3. 勇于改良教育的一种精力

有人说,激情是吹动船帆的风,没有风,帆船就不能行驶;激情是成功的动力,没有动力,工作和事业就难有起色;激情是创新的源泉,没有源泉就没有创新的灵感和冲动。人如果没有激情,就只不过像一块未经撞击的燧石,潜在的能量就迸发不出来。缺乏激情的教师,就缺乏工作的动力,缺乏创新的源泉。

美国著名作家爱默生说:"有史以来,没有任何一项伟大的事业不是因为热忱而成功的。"成功的事业需要全身心地投入,而全身心地投入,则需要依靠发自内心的激情。教师有了对学生、对事业的激情,才拥有充沛的精力,从而全身心地投入工作。

美国一位部长问比尔·盖茨:"我在微软参观时,看到每一个员工都非常努力,非常快乐。你们是如何创造这样的企业文化的?"比尔·盖茨回答:"我们雇佣员工的前提是,这个员工对软件开发是有激情的。"由此看来,激情是微软成功的首要前提。一位外国军官在自己的办公室里挂了这样一幅座右铭:"你有信仰就年轻,疑惑就年老;有自信就年轻,畏惧就年老;有希望就年轻,绝望就年老;岁月刻蚀的不过是你的皮肤,但如果失去了热忱,你的灵魂就不再年轻。"可见,激情能让人年轻。

原规则之三:教育需要不断改良,但改良成功与否,要看有没有充沛的精力。

改良也就是创新。

激情是一种动力,是一种勇于改良,勇于创新的动力。

如今的时代,是一个呼唤创新,需要创新的时代。教育领域,创新的呼声此起彼伏,创新的人物不断涌现。但改良教育,创新理念,开创新局面,都是需要付出的。需要智慧的付出,需要精力的付出。

一个缺乏工作激情的教师,缺乏创新精神的教师,对于学生的管理,一天到晚疲于应付,就总感到自己疲惫不堪,身心乏力。相反,那些激情燃烧的教师,常常会在自己内心那种被激情燃烧后形成的不竭动力的推动下,勇敢创新,精力旺盛地工作。这也是许多优秀教师走向成功的重要原因之一。

案例1-3

魏书生,昔日的一位普通教师,而今赫赫有名的教育局长、名师,初中没毕业，学校就停课了，被下放到了农村。在下放期间，在小学教书两年零四个月。就在这两年多的时间里，魏书生真正爱上了教育，对教育有了热情。他认为，教师显然是最有利于培养真诚、善良、美好心灵的职业，于是他便迷上了教书。回城后，他被分配到当时盘锦最好的工厂——盘锦地区电机厂当工人。在他写了150次要求做老师的报告后，厂领导终于同意了。到了盘山县第三中学教语文课，并当班主任。不到半年，学校便不再让他教课，而让他当教导处副主任，负责学生思想教育和管理。在他苦苦要求半年以后，领导答应了，条件是以学校工作为主，兼班主任教语文课。从此，他每天既要忙于学校的事务，又要忙着教书与带班。后来，由于他突出的工作业绩，教两个班语文，身兼两个班的班主任。

工作的繁忙，让这位对教育情有独钟的汉子走上了教育教学的改革之路，终于成为教育大家。

我们知道，学校工作，尤其是管理学生的工作，是非常复杂的，大事小事天天有，还可能时时有。班级工作，事务繁杂，需要付出多大的精力，我们一线教师心里最清楚。教两个班语文，当两个班的班主任，没有创新精神，不走出一条新的路子，就只能身心疲惫地应付。魏书生老师自创的科学、民主的管理方式，发挥了巨大的作用。一定程度上，我们可以说，正是其工作上改革与创新，才成就了他不凡的教育人生。

对教书育人工作产生激情，让魏老师有了不竭的精神动力，使他把劳累、疲倦都抛到了九霄云外。他心中拥有的，只有工作，只有改良。有了激情，有了创新，工作取得了突出的成就，魏老师因此获得了人们的尊重,有了强烈的尊严感。

激情是一种乐趣。对工作有乐趣,尤其是创新的乐趣,是成功的重要保证。激情的燃烧,会让每一位拥有激情的教师感觉到"看山则情满于山,观海则情溢于海",做每件创新的事都觉得有"理",有"利",有"趣"。借用一句广告词叫做,"做嘛嘛香"。

激情让教师的创新染上了人的情感色彩。其工作的任何一个细节,都有了属于工作者个人的色彩,即"属于我的",而不是属于他人的。工作的乐趣是一种发自内心深处的喜悦,是一种历久弥新的感觉。有了乐趣,工作起来就会忘记疲倦,心中总感到有一种喜悦相伴相随。

我们以语文教学中的作文批改为例。可以说,不少语文教师,对于作文批改,总感觉到一种烦闷。其原因在于:作文是学生复杂的思想结晶。很多时候,教师常常被学生作文那混乱的结构、满篇的病句弄得身心疲惫。可是,如果你对教育有着深厚的感情,改进一下自己的工作方式方法,那情形就不一样了。一次改进,就会感觉到为学生的提高做了一件有意义的事情,让学生有了一份收获;一次改进,就会感觉到你又让学生受到了新的教诲,写作水平得到了一次新提高。

其实,在现实中,教师努力改进工作,把自己对学生、对事业的情怀,完全倾注于自己工作的每一个环节,每一个细节,在自己的工作实践中享受到成功的快乐。

激情是一种意志。人的存在,是一种精神的存在,其精神的内在方面,有一种不竭的力量,这就是意志。而意志是一种有意识、有目的、有计划地调节和支配自己行动的心理现象。虽然说意志与激情的关系是互动的，即意志对激情具有调节作用，但激情对意志也有动力驱动作用。

我们都有这样的体会，假如我们对某件事情有着满腔的热情，这股热情就容易形成意志，促使自己在这件事情上，采取不折不挠的态度，以极大的热情积极投入其中。在人生的道路上，有很多个激情加油站，它们不是固定的，在地图上也找不到，需要靠你自己去发现，如果你找到了这一座座加油站，你就可以给自己加油了，加的当然是激情。你长期坚持下来，这就是意志。教师的工作，是琐碎的，尤其是教学的改革，存在着诸多的困难，诸多的障碍教师如果没有工作激情，没有由此而转化成意志，梦想很可能就会被现实的矛盾所击碎。

例如班主任工作的创新，这就是非常艰难的事情。其工作具有琐碎性，因为其中既有班主任思想转变，又有工作方式方法的转变。教师如果没有激情，没有必要的耐性，没有相应的意志力，是难以收到成效的。

4. 让生命在场的一种情势

"在场"就是直接呈现在面前的事物，就是"面向事物本身"，就是经验的直接性、无遮蔽性和敞开性。所谓生命在场，指的就是教师与学生直接面对面的心灵交流，教师直接敞开自己的心灵，让自己的生命始终与学生的生命都在教育教学的现场。这话说起来容易，做起来可并不简单。

实际上，在很多情况下，教师虽然在教育教学的现场，但是在大多数情况下，教师都是人在"心"并不在，总是戴着面具面对学生，总是板着脸孔面对学生,让学生感到与教师之间隔着一段距离。当然,这都是教师缺乏激情状态下的一种直接表现。

激情满怀的教师就不是这样。他们是把自己的生命直接显现在现场的,直接将自己与学生面对面,在生命的碰撞中产生生命的火花,智慧的火花。

原规则之四:体验是教育的基本情态,体验让教育更精彩。

生命在场,有三个基本的特征:

(1)生命在场的主体自觉性。生命在场就是要求自己主动自觉地将自己的性情、自己的心灵体现在与学生的交往与对话之中,而不是被动地把自己完全抛离情境之中。例如,有的教师只有在发怒、发火的状态下,才把自己展现在学生面前。但那已经是被动的。个别教师在学生面前发怒,把自己的庐山真面目暴露在学生面前。但那毕竟只是自己最丑陋的一面。

我们所需要的是生命自觉地在场,而不是被动、受动的在场。

(2)生命在场的体验性。体验是由身心活动与直接经验产生的情感和意识。体验是一种生命活动状态,体验意味着主体的觉醒及心灵的唤醒,是外部世界与自我生命存在状态的一种交融过程。凡体验者都有主体意识,那种缺少主体意识的体验是一种虚假的体验。体验使知识进入生命领域,真正的体验是将客观知识活化、生命化,或者是将客观知识在个体身上复活,使其成为个人经验的有机成分,成为我的知识。这只有在教师激情澎湃的状态下才有可能。知识的复活,才可能使课堂充满生气,充满活力。

（3）生命在场的独特性。生命在场的独特性要求的是教师生命个性的体现。每一个生命都是独特的"这一个",都是独特个性的生命显现。

生命的在场,只有在教师全身心投入的情况下才有可能,否则就可能是"身在曹营心在汉",成了一具生命的空壳。

→ 案例1-4

有位教师教四年级下册《真情对印》时,与学生一起欣赏、讨论他们制作的"折纸鱼"、"折纸蝉"、"折纸鹤"、"折纸蟹",感到快乐和幸福。课堂上,她时刻露出了自己的笑容。当学生感到害怕时,她不断地给予鼓励。有学生在做完剪纸团花纹样时,不敢上台展示,索性把做好的放在一边,然后继续低头制作,犹豫地说了一句:"老师,这是我做的。"但从神态上可以看出,那位学生很想去展示自己的作品,只是胆子小,不敢上去。看到这种情景,老师立即给予赞美:"你很棒,你做的剪纸很漂亮,你很出色。"那位学生听完很得意笑了一下,就连蹦带跳地上讲台去了。

这位教师的课堂上,虽然没有生命情绪的大起大落,但恬淡之中,我们分明能够感受到那鲜活生命的在场,乃至她与学生一起欣赏,一起探讨时的情态。更不用说,那鼓励的眼神,那赞美的口吻了。可以说,这就是生命的真实在场。

教师激情燃烧时生命在场,更是生命教育的必要。教育是生命激扬生命,生命推动生命的过程。教师生命的不退场,能够让学生感受到教师作为人的真实的一面，有着喜、怒、哀、乐的一面，而不是不食人间烟火的神。这样，教师才能走下"神坛"，换来一个真实的自由身。这样的教育，才是生气勃勃的教育，才是有生气、有活力的教育。

教师，作为精神的存在，作为文化的存在，其身体就是精神的身体，就是文化的身体。所谓的激情燃烧，在哪里燃烧？在教师的精神身体里，在教师的文化身体里。自然的结果便是：教师的身体，在激情燃烧之后，一定会产生变化，而且，这一变化也是多元的，多样的，多层次的。

所谓多元，指的是教师在被自己的激情所燃烧之后，产生的各种视角的变化。诸如对社会的，对学校的，对家长的，对学生的……这多元的变化，不论是哪一元，都将对教师的工作产生积极的影响。比如对社会，教师在激情燃烧之时或之后，就会感觉到自己应该通过努力工作，培养与社会发展相适应的，或者促进社会发展的人才，从而加倍努力地去工作。

所谓多样，指的是有诉诸视觉的，有诉诸听觉的，有诉诸触觉的……像神韵，就基本上是诉诸视觉的。因为所谓的神韵，主要就是通过人的外部表情体现出来的。而气质，则比较复杂，既有可以用眼睛看到的，也有通过耳朵听到的。前者如举手投足，后者如语言表述。

所谓多层次，指的是既有可感的，也有不可感的。前者指通过各种感官可以感觉到的，后者指感官感觉不到，必须通过思考才能认识到的，如教师的内在精神世界的变化。因为作为精神和文化的存在，教师在激情燃烧之时或之后，变化是最大的，往往贮满整个内心世界。由内心世界的变化，自然引起了外在表情等的变化。

这样看来，激情的燃烧，让教师的整个人，从外表到内在，从肉体到精神，彻底发生变化，整个得到提升。这样一来，他们的内心世界就丰富了，精神境界就提高了，思想的品位也就提升了。在自己的岗位上，在自己的教育生涯中，其价值也随之得到了相应地提升。过"有尊严的生活"，最终就成为了现实。

"人只不过一根苇草，是自然界最脆弱不过的东西；但他却是一根能思想的苇草。人的全部尊严就在于思想。"这是法国思想家、物理学家、哲学家帕斯卡在《思想录》中的一段话。每次想起这段话，我的感触都是颇深的。激情一燃烧，教师这根普通的苇草，就可能变得强大起来！

第二节　激情燃烧的内涵解读

宇宙之中，人这根普通的苇草，经过激情燃烧，就会从普通变为神圣。

教师，应该将完整的生命投身于教育中，教师的激情燃烧，应该是生命整体在"燃烧"，在融化，而不仅仅是局部的，或一个侧面的。这样看来，作为完整生命体的教师，其素质的变化与提升也是整体的。"整体大于部分之和"，因此，对其内涵的解读，由于受人的思维方式、语言表述方式的制约，就只能分项进行，只能择其要义，分别阐释。在此，我们仅仅对其中的几个要素进行简要的阐释。

也许有人会问，激情燃烧的内涵是什么呢？我们今天无法给你一个完整的解说，但我们相信，在不远的明天，你就会用更多的行动去进行阐述的。

1. 自我生命力的一种唤醒

"轻轻敲醒沉睡的心灵，慢慢张开你的眼睛。"这就是人的自我生命力处在被唤醒状态时的生动写照。那么，什么是唤醒？就是将那些在自己的灵魂中处于沉睡状态的东西，在教育激情的燃烧下，突然处于清醒的状态。曾经懵懂的自己，变得心明眼亮起来了。曾经处在疲惫状态中的生命力，突然爆发出来了。

听了一场激动人心的报告，看了一部惊心动魄的电影，看了一本让人心动的书籍，或者经历了一次生死离别的场面，都可能唤醒教师自己生命的活力。

唤醒，并非口号，而是一种实践，一种教育的实践。生命力的唤醒其实并不复杂，它广泛存在于教师的教育实践中。唤醒，也是唤醒了学生心灵中那沉睡的生命的颖悟。

我们说激情是一种自我生命力的唤醒，意在说明，人在激情的激发下，能把教师心灵中那些处在沉睡状态下的东西唤醒，使之清醒而活跃起来。

其实，每个人都有一种积极向上的天性，并且蕴藏着巨大的情感潜能和智慧潜能，只是因为环境、条件等多种原因，有些人的上进心、积极性、创造性、情感和智慧潜能等长期处于沉睡状态，这些属于教师或学生生命的活力，都需要激情去唤醒。

马克思告诉我们："教育绝非单纯的文化传递，教育之所以为教育，正是在于它是一种人格心灵的'唤醒'，这是教育的核心所在。"德国的教育家斯普朗格说得更具体:"教育的核心是人格心灵的唤醒,教育的最终目标不是传授已有的知识而是要把人的创造力诱导出来,将生命感、价值感唤醒。"教育作为一种人格的唤醒,她在唤醒教师心灵、精神与智慧的同时,也唤醒了学生的心灵、精神与智慧。

原规则之五:师生双方心灵的唤醒,是教育教学成功与否的关键性因素。

教育所唤醒的对象,主要有两个:一是施教者的教师本人,一是受教育者的学生。心灵的唤醒,首先是教师的自我生命力的唤醒,这是唤醒学生的前提。只有教师自我唤醒,他才能去唤醒学生。

说到教师的自我唤醒,有的人会觉得有点多余,因为他们可能在想,我们教师不是每天都在辛勤工作吗?不唤醒自己,哪能创造工作业绩?

其实这种认识是片面的。每个时代对教育都会有自己的要求,如果我们仍然原地踏步,故步自封,以老眼光来看新要求,用老办法来对待新问题,缺乏必要的热情,那你的潜能就可能始终处于沉睡状态。我们每一位教师,都有必要从自己生命的深处,去唤起自己那长期处于沉睡状态的自我意识,主体意识,将自己的创造力、生命感、价值观等唤醒。一位成功的教师,首先就是能唤醒自己心灵的人。如果他的心灵长期处于沉睡当中,对学生,对事业没有丝毫的激情,那么,他离成功始终是很遥远的。相反,处于心灵被唤醒状态的教师,才是一个真正主体的人,他就能在灵魂震颤的瞬间感受到一种从而有过的内在敞亮,这其实就是教师内心世界的一次大解放。这个时候的教师,心里就会有一种处在巅峰状态的体验。

在现实中，我们不少教师，目前就缺少这样一种颠峰享受。美国心理学家马斯洛在调查一批有相当成就的人士时，发现他们常常提到生命中曾有过的一种特殊经历，感受到一种发自心灵深处的战栗、欣快、满足、超然的情绪体验，由此获得的人性解放，心灵自由，照亮了他们前进的一生。马斯洛把这种感受称之为高峰体验。人在整个心灵被唤醒时，整个心灵世界处于敞亮的状态时，也能获得这样的体验。我们不是常常提到教育的灵感，教育的机智吗？在这个时候，教师所能获得的灵感与机智是最为常见的。

教师的心灵如果沉睡得太久，就会被各种各样的东西所蒙蔽，人就会变得越来越麻木而慵懒，甚至平庸。

教育，是心灵唤醒心灵的工作，是智慧激发智慧的劳动。一个教师，如果自己的心灵都没有被唤醒，自己的智慧潜能还处于沉睡状态，他怎样去唤醒学生？激情的燃烧，是自我生命力唤醒的最好手段。

下面，我们来谈一下唤醒学生。真正的教育是一棵树摇动另一棵树，一朵云推动另一朵云，一个灵魂唤醒另一个灵魂的过程。如果一种教育未能触及到人的灵魂，未能引起人的灵魂深处的变革，未能唤醒他人生命深处的力量，它就不成其为教育。这"一棵树"、"一朵云"、"一个灵魂"，必须能摇得动"另一棵树"，推得动"另一朵云"，唤得醒"另一个心灵"，否则，教育就只能是一个梦想，不能成为现实。自我生命力被唤醒了的教师才具有这样的力量。

学生在被唤醒之后，其心灵才会处于敞开的状态，敞亮的状态。这个时候，他们才会以敞开的心灵与世界对话，与教师对语，才会以自己生命的活力去对接世界生命的活力。过去以应试为主要导向的教育，学生的心灵基本上处于锁闭状态，生命的能量还处于潜伏状态。有时候，无论教师怎样想方设法，他们那闭锁状态的心灵就是麻木，就是被遮蔽，所以，应试教育难以获得成功。

唤醒学生什么呢？最为重要的，是唤醒学生的主体意识、生命意识。所谓的激情燃烧，如果连学生的主体意识都没有被唤醒，教师的自我唤醒，其价值又何在？教师的自我唤醒和激情燃烧，最终的目的还是在于学生，在于学生的主体意识被唤醒，在于学生主体生命力的唤醒。学生的主体意识被唤醒，主体生命处在活跃状态，他们作为完整生命的存在状态，才是教育所必需的。

长期以来，我们都在呼唤学生的主体地位。这本没有什么疑问，但问题的关键在于学生还没有从根本上意识到自己本来就应该具有主体意识。所以，在课堂教学中，尽管我们有时候总是采取种种措施，总是千方百计地想敲开学生的口，可最终的结果总是不那么令人满意。这究竟是为什么？一个非常重要的原因就是，学生的主体意识还没有被唤醒，学生还没有意识到自己是主体，是自己生命意志的主体。所以，在课堂上，教师在自我生命力被唤醒后，就应该想办法去唤醒学生的主体意识，唤醒学生的生命意识。

➲ 案例1-5

有位教师教孟浩然的《宿建德江》，一开始就给学生描绘了一幅"烟渚日暮泊舟图"，创设了一个特定的审美情境：暮色苍茫之中，一叶小舟停泊在薄雾笼罩的小河旁边，诗人立于船头，举目远眺，旷野无垠,远处的天空显得比近处的树木还低;低头看水,江水清澈,一轮明月就沉浸在眼前的江水之中。随即教师凭借对教材内容的理解,紧紧抓住一个"愁"字,联系这首诗的写作背景,启开学生的审美心扉,进一步去体味诗人的情感:写这首诗之前,诗人对功名曾怀有很大的希望,奔入长安,本想博得皇帝的赏识和重用,但事与愿违,被"明主"所弃,忧郁长期压在心中,他能不愁吗? 那么 ,"新愁"又是怎来的呢? 试想,夜幕降临,在外奔波了一天的人们,该是回家的时候了,诗人独自一人,面对这四野茫茫,江水悠悠,明月孤舟的景色,思乡之情油然而生。此时此刻,仕途的失意,理想的幻灭,人生的坎坷,羁旅的惆怅,故乡的思念……一起涌上心头。教师或语言描述,或投影显示,或音乐渲染,或朗读品味,借助诗的语言本身所蕴含的丰富内涵,创设了一种特定的语文美的情境,把学生带入了情与景相生,思与境和谐的艺术境界。学生置身于这种特定的情境中,生命中的灵气在涌动,真切地感受到语文本身的美,感到学习是一种心灵的净化,一种情感的陶冶,一种生命意识的唤醒,一种美的享受,从而产生了强烈的主体意识和审美追求,主动去寻美访胜。

　　这就是一个比较成功的"唤醒"的例子。这也是目前许多教师所运用的方法。在这样的情境中,学生的生命就仿佛已经融入诗歌的情境中,成为情境中的人了。在此情境中,学生也更能够体验到自己的生命能量,自己的生命存在,即"生命在场"。

　　学生自由意识的唤醒,这是目前还没有完全被意识到的问题。"为什么我们的学校总是培养不出杰出人才?"这是钱学森先生生前的疑问,也是钱老的临终遗言,非常沉重,不容我们回避。为什么? 原因当然比较复杂，但一个不可忽视的原因就是：学生的自由意识没有被唤醒。

什么是自由？罗素告诉我们："自由一般可以定义为实现人们期望的障碍不存在。"对学生而言，他们期望实现的状态如何？"学习太累了，作业太多了，休息太少了，快要累死了！"这样的感慨出自一名初中生之口，这样的字句同时出现在成都市教育局曾经公布的《成都市教育局机关工委关于中学生课外活动调查的分析和评述》中。成都中学生早起晚睡现象严重，每天做不完的作业，课外活动严重偏少，学生都喊累（这是 2007 年 4 月 17 日《华西都市报》上的一则消息）。这也是目前我国中学生的生存状况。"生命不能承受之重"。学习时间多，作业多，是他们的学习与生存状况，处在这种状态中的学生，他们自己的期望还有实现的可能吗？在他们的学习和生活中，障碍太多，以至于根本无暇去思索自己的真正理想与幸福人生了。其实，我们应该唤醒学生的，应该是生存与竞争，是适者生存的那一套理念。试问：一个连自己的愿望都没有机会去实现的人，他的生命还是幸福的吗？一个在自己的人生道路上自己都做不了主的人，还有可能成为杰出的人才吗？

其实，生命本来就是自由的，是自己为自己做主的。可是，人在历经一番社会化之后，生命的自由就失去了。这是一种多么沉重的代价！

我们知道，教育，既可以造就自由的主体，也可以造就驯服的主体。那么，我们目前的教育，其状态如何？不言而喻，造就的是驯服的主体，机器式的主体。学生根本就没有意识到自己是生命自由的主体，是自己的事情自己可以做主的生命主体。

学生生命主体的自由，是其生命能量释放的前提，其核心是思想的自由。没有思想的自由，生命的能量就被压抑了，需要我们去不断唤醒。

爱因斯坦告诉我们："小孩子是一株脆弱的幼苗，不仅需要鼓励，更加需要自由，如果没有自由，他注定会夭折。而教师们往往有一种错觉，他们以为自己的强烈的责任感和用强制的手段会增进学生观察和探索的乐趣，实际上是完全不符合儿童和青年的心理的。"怎样去实现这一目标？途径很多，但最为重要的应该是，课堂交流给学生一个自由的思维空间；写作时给学生一个自由的写作空间；课外阅读给学生一个自由的选择空间……我们给了学生一个自由的精神家园，就会看到一个个五彩缤纷的生命世界。

其实，学生作为完整的生命体，其自我生命力在被完全唤醒后，整个的人，都会产生根本性的改变与提升，而这里的阐释仅仅是列举性的，不是全部。

学生作为受教育者，如果其主体意识，作为自由的主体没有被唤醒，教师对他们的唤醒还有何意义？

2. 肩负教育事业的一种责任

人的存在就应该是一种责任，对自己，对他人，乃至对社会，对国家，对民族的一种积极负责的态度，一种强烈的使命感。对每一位教师而言，就是对教育事业的一种负责精神。

案例1-6

一个 11 岁的美国男孩踢足球时，不小心将邻居家的玻璃打碎了，邻居愤怒不已，向他索赔 12.5 美元。当时，12.5 美元可谓是天文数字，足够买下 125 只生蛋的母鸡了。男孩儿把闯祸的事告诉了父亲，并且忏悔。见儿子为难的样子，父亲拿出了 12.5 美元，说："这笔钱是我借给你的，一年后要分毫不差的还给我。"男孩赔了钱之后，便开始艰苦地打工。终于，经过半年的努力，他把这"天文数字"分毫不差地还给了父亲。这个男孩就是后来的美国总统罗纳德·里根。他还回忆说："通过自己的劳动来承担过失，使我懂得了到底什么是责任。"

是什么让这位小男孩后来成为美国的总统？一定程度上，可以这样说，是责任，是一种勇于负责的精神。一种责任感造就了一个美国总统。

教师身上教育激情的燃烧所焕发出来的能量，从本质上说，就是一种敢于负责，热情负责的精神。

什么是责任？责任有两个基本涵义：①指分内应该做好的事，如履行职责、尽到责任、完成任务等。②指如果没有做好自己的工作，而应承担的不利后果或强制性义务，如担负责任、承担后果等。本文则主要在第一种意义上使用这一概念，偶尔也兼及第二种含义。对教师而言，指的是教师自己感觉到做好教书育人的工作，是自己应尽的分内之责，是自己本来就应该做好的事情，即天职，如果没有做好，就是失职。这就是一种责任感，一种"舍我其谁"的责任的神圣感。像 2004 年感动中国人物徐本禹，就是由于有了在贵州支教的经历，看到那里贫困落后的面貌后才主动放弃读公费研究生的机会，只身一人来到岩洞小学支教，打算用自己的力量改变这里贫困落后的面貌。在青春燃烧之后的徐本禹，就是凭着自己那满腔热血，怀着强烈的责任感才作出那样的选择的。这就是责任，一位当代大学生对教育事业的责任。

原规则之六：强烈的责任意识，是教师做好一切工作的原动力。

现在，一个非常现实的问题摆在我们面前，那就是：在激情燃烧的状态下，教师到底应该对谁负责？

平常，无论有意还是无意，我们总会对某教师的工作作出自己的评价，认为其负责或者不负责。其实，谈到"负责"或"不负责"时，我们都没有去细究其中的一个很重要的问题，即：对谁负责。这是一个被我们长期忽视了的问题。

在一般的意义上，我们认为：负责的教师一定是好教师，不负责的则不是好教师。因为"负责"，至少表明他或她一直在工作，没闲着，在劳动，在付出。而"不负责"呢，则意味着他或她没有认真地工作，或者说没有相应的付出。这是在长期的实践中被人们广泛认可的道理，它不证自明。

不过，如果我们再仔细的深究，那些我们认为负责的教师，还存在着一个对谁负责的问题。

对谁负责？对人民负责。我们不是一直都在倡导办人民满意的教育吗？虽如是说，可是落实到具体的工作中，就不是这么一回事了。

就教师的工作而言，无外乎两项：教书和育人。表面看来，这也是没有任何疑义的。但一落实到实践中，问题就复杂了。

实际上，具体的工作中，为谁负责的问题还是比较复杂的，有的是真正意义上的负责，有的却是大脑思维里存在着偏差。一般而言，主要包括以下几种情况：

对校长负责。他们认为，校长乃一校之长，掌握着学校的一切大权。正是在这样的前提下，教师的工作应该对校长负责。于是，在校长面前，他们勤勤恳恳，认真负责，一切唯校长马首是瞻，但也仅此而已。

他们做任何工作，仅仅是因为有校长在面前，或者校长有交代，有规定，有要求。一旦校长不在眼前，或者没有什么交代、规定、要求，他们的工作便基本与"负责"不搭界了，甚至是敷衍了事。

这样的教师虽然不是很多，但他们对学校的影响并不小。为什么？因为这些人，仅仅因为他们只对校长负责，在校长的眼里，他们常常被冠以"负责"的头衔。给校长留下的好印象，就给他们带来了一些实实在在的好处。比如封给官职，评个优秀等，甚至因此可能成为校长的座上宾。

这些人，看来很识时务，善于把握时机，会看校长脸色行事。

然而，他们工作，他们做事，目的并不在于工作本身，而在于工作之外的那些实惠。或者说，他们工作，他们做事，目的不在于想把事情做好，一旦目的达到，便与他们原先的"负责"搭不上界了。

这种人，一切以校长的喜好、校长的要求、校长的交代为工作的直接目的，离开了这一点，他们便是另外一张脸了。

你别看他们可能一时"得道",但口碑并不怎么好,个别的,还遭人唾弃。

对分数负责。什么分数? 学生考试的分数。这样的教师,把学生考试的分数看得高于一切。这样的教师,在一定程度上,可以说是当前教师队伍中的大多数,是主流。

这些教师,他们的工作,确实是非常的认真负责。课前,他们认认真真备课,课中,他们一丝不苟、按部就班地进行,课后,他们也积极地对学生进行辅导。还有一些更为负责的,每天工作到深更半夜,真可谓废寝忘食,甚至还通宵达旦。这是对自己的严格要求。

对学生呢? 也一样,抓得非常紧,自己做到的,也要求学生做到。

➡ 案例1-7

有这样一位优秀教师,长期担任班主任,而且是高中毕业班的班主任。他对工作的负责程度,确实让很多人佩服。从来不让学生浪费学习时间,补课,下班辅导,他特别勤快。这倒不是因为他可以拿补课费,他的的确确是为了让学生能在考试中拿高分,考出好成绩。于是,他不仅自己勤奋,还动员爱人做夜宵送到班上给学生吃。在学校领导、家长乃至同事的眼里,他都是标准的负责的老师。但学生并不认可,甚至在他送夜宵给学生之后,学生竟把他家的锅都砸烂了。更让人不可思议的是,砸锅的,还有他自己的女儿。还有更让人难以置信的,他逝世后,他教的学生竟然都不情愿去送葬。

这位教师,他的动机,不可谓不崇高;他对工作,也无人否认他的负责。可学生就是不买他的账,不领他的情。为什么? 原因就在于他把学生考试的分数看得比学生本人还重，加重了学生负担，疲惫了学生身心，因而让学生产生了怨恨心理。

对分数负责，就是把学生考试的分数作为自己工作好坏的衡量标准，一切为了分数。

当前，这类教师不但得到了社会的认可，而且更多的人还被树立成教师的榜样。一些学校的所谓名师，基本上就是这类人。

对学生负责，也就是对学生的健康成长负责。这类教师有一个特点，那就是：脑袋里装的都是学生，都是学生的健康成长。

这些教师，他们所信奉的是学生至上，是学生的发展至上。一切与此相矛盾的制度、做法，都得为之让路。

➡ 案例1-8

有这么一所学校的两个班。一位班主任，为了使自己班上的学生在考试中，能够取得优秀的成绩，就把经常调皮捣蛋的学生统统赶回家，让他们辍学。这样，他所带的班，不但学生的考试成绩好，班风也更优良。另一位班主任则不同，她从来不赶走任何一个学生。对班上每一位学生，不论学习成绩的好坏，总是一视同仁。尤其是对那些成绩比较差的，她认为如果不负责任地把他们一赶了之，虽然省事，但对学生的成长不利。他们一旦到了社会，就可能会变得更坏。因此，她总是耐心细致地对学生百般呵护，但也给自己带来了许多麻烦。一些比较差的学生经常惹是生非，大错不犯，小错天天有。但由于她的勤奋工作，竟让一些本来失去信心的学生，也考上了理想的学校，那些没有考上的，对老师也倍加尊敬。

这个例子告诉我们:真正的负责,应该是对学生健康成长负责,对学生的一辈子负责,其工作的出发点应是以学生为本,以学生的健康成长为本。这类教师,人数不多,但口碑好,深得学生、家长、领导及同事的好评。他们才是真正的优秀之中的优秀者。

其实,这种对学生的终身负责的精神,也就是对事业负责的精神,体现在具体的工作中,就是一种责任感。

对家长负责。但它是间接的,因为对家长负责,在一定程度上,或者说在某些情况下,也就是对学生或者是对分数负责的另一种形式而已。

只有对学生,对教育事业负责,才是教育原点上的负责。教师的激情,是针对什么而来的? 这的确是一个值得思考的问题。

3. 学生成长过程中的一种审美

审美是一种主观的心理活动过程,是人们根据自身对某事物的要求所作出的一种对事物的看法,具有很大的主观性。但它同时也受制于客观因素,尤其是人们所处的时代背景会对人们的评判标准起到很大的影响。

原规则之七:以审美的眼光看学生,学生获得的每一个进步,都给教师以美的享受。

审美教育是当前迫在眉睫的事情。

教师教育激情的燃烧,很自然地会上升到审美的层次。在激情的状态下,教师的心里,会升腾起一种美的意识,从而以美的眼光来看待眼中的一切。这将是一种超越功利的境界。处于审美状态的教师，不为任何外在的东西所羁绊，内心处于一种完全自由的状态中。简言之，这是一种欣赏的态度，是以欣赏的眼光来对待自己的工作、自己的学生、自己的事业的行动。此时的教师，已经完全超脱于功利之上，为自己的"情"所牵引。这就是一种"情本体"，是以情为本根的教育。所以，从根本上来说，"美育"即"情育"。

许多成功的优秀教师，就是在这种超越的、审美的心态下工作的。在他们的眼里，一切都是美好的，一切都是值得赞赏的，更是值得付出的。同样的对象，是否以欣赏的态度去对待，其结果是大不同的。

教师的工作是以学生的成长为最终目的的，学生的健康幸福的成长，才是教育的原点。教师的事业，也就是学生成长的事业。教师以审美的态度看待学生，看待事业，是教师审美的着力点。具体说来，分为两种不同的状况。一种是看到工作对象的优点长处，从而欣赏它。一种呢，则是认为他美，给自己带来心灵上的愉悦，这就是审美了。

欣赏与审美，既有相同点，又有不同点。相同点在于：都因为对象是好的，值得自己去领略、领会、享受，因而有着基本相同的心理基础。不同之处在于：所领略、领会、享受的对象在欣赏者或审美者心目中的优点长处不同。欣赏的对象，可能是美丽、美好的，也可能仅仅是与自己有着某种程度或某个方面的共同点或相似处，或者有某个方面的优点长处。审美则不同，是直接将对象看做是很美的，让自己在心灵上感到愉悦。

用欣赏的态度看待自己的工作，就会把自己的工作看成值得自己去做，值得自己去为之奋斗，为之付出。用欣赏的眼光看学生，看事业，这是激情燃烧的一个重要内涵。尤其是用欣赏的眼光看学生，这在当前尤为必要。

如何看待学生，这的确是个非常重要的问题，它是教师心目中的学生观的核心内容。一位教师怎么看待学生，也就是用什么样的眼光去看待学生，将影响着教师用什么样的态度对待学生。比如，你把某个学生看得一无是处，认为他只有缺点而没有优点，你就会用异样的眼光来看待他，用挑剔的目光注视他，甚至戴着有色眼镜去对待他，对他充满歧视。

其实，人的存在，并不是纯粹的，所谓"金无足赤，人无完人"说的就是这个意思。在传统教育中，我们看待任何一个人，更多是用求全责备的眼光来看的，往往只看到他的缺点，而看不到他的优点，甚至他身上的优点，我们也总是把他进行错误的归因，用挑剔的眼光来对待。比如，人家有心有意的去做好事，去帮助他人，这本来是很值得称赞的。可是，我们有的人却总是喜欢往坏处想，说认为别人做好事是为了得到表扬，为了在老师、在同学面前留个好印象等等，把人家给看扁了，这是极不正常的。我们应该改变这种态度。

目前，随着新课程的实施，我们的学生观应该有一个根本的改变，这就是：用欣赏的眼光看学生。

"横看成岭侧成峰，远近高低各不同。"看物是这样，看人又何尝不是这样？同样一个人，如果我们老是用怀疑的眼光，用挑剔的眼光去看他，他在我们眼中就可能真的会一文不值。有的学生，就是在我们这种眼光看待下，成了差生，成了失败者，成了失学大军中的成员。

教育要"以人为本"，这并没有选择性，并不是要我们选择其中的一些人为本，另一些人则在我们的视野之外，而是包括所有人，包括所有的孩子。我们要以接受所有的孩子为本，要把他们一个个都培养成人，培养成材，这才是我们办教育的真正目的。

那么，教师应该怎样去欣赏学生呢？

首先，欣赏学生的优点。其实，任何人都有自己的优点，那种看不到别人优点的人，自己本身就存在着问题。

➡ 案例1-9

同事的儿子在上高中，课余爱玩游戏机，一有时间就往游戏机店里跑，在班上的表现也比较差，经常受到老师的批评。同事找到班主任，与她谈论关于教育孩子的事，同事建议班主任多看孩子的优点，多表扬。没想到，班主任竟然说："你的孩子身上没有优点。"这令同事非常不快。结果，同事的孩子在这个班上，表现一直都比较差。

这位班主任，就是挑剔的眼光看学生的典型。生活中不是缺少美，而是缺少发现。一个活泼乱跳的人在你面前，他是绝对不可能没有任何优点的，只是你没有发现罢了。或是说即使你看到了，也不把他当做优点来看罢了。

实际上，即便是身上缺点多的学生，只要他们身上有优点，并处在成长之中，就是值得高兴的事情。

一个班上，有一位同学对学习不太感兴趣，很少有端正坐在座位上认认真真学习的时候，不是说话，就是做小动作，老师们一个个大伤脑筋。一次，他又犯了错误，班主任老师批评他，他一言不发。当时，正好另一位教师也在场。看到他那副样子，那位老师实在心疼。就说:"我看你脑子那么灵活,好用。你在上地理课时,我看你回答问题就非常好,说明你的地理学得很不错,你要珍惜自己,不要不求上进。"没想到,对于这样一位已经被一些任课教师认为无药可救的孩子,就这么简单的几句话,给说动了。从此,他改变了自己,不仅在地理课上非常认真,再也不捣乱了,其他各科的学习也有了较大的进步。

给点阳光,他就灿烂。教育,说复杂,有时很复杂;说简单,有时也很简单。问题的关键就在在于我们用怎样的眼光去对待。

这位学生,老师的一句话就把他唤醒了,让他发现了自己的优长,看到了自己存在的价值,从而越来越自信了。

这两个例子,都向我们表明:欣赏别人等于给了他自信;我们必须欣赏孩子的优点。

其次,欣赏学生的进步。人不论干任何一件事,只要付出了努力,都会有收获。对于学生的学习而言,也应当是"一分耕耘,一分收获"的。只不过这种收获,这种进步有大和小的差别而已,这关系到一个参照物的问题。

我们在现实中,常常爱用十全十美的标准来衡量每一个学生,并把他们放在一个大环境里去与那些表现非常出色的学生比,与班上,乃至全校前几名的学生比,这样比的结果,那些进步幅度小的同学,自然就抬不起头,没了信心。

其实,学生的进步是绝对的,只是幅度有大小的差别罢了。

班上有一位学习成绩的确比较差的同学。平时的作文,几乎是空白。语文老师针对这种情况,老师经常鼓励他动笔,哪怕只写了几十个字都是一种进步。在老师的鼓励下,学生慢慢地动起手来了。从交来的作文来看，确实写得比较差，病句连篇，更不用说内容上的毛病了。尽管这样，老师在批改作文时，仍用欣赏的眼光，鼓励的口气，以树立他的信心。他也因此很高兴，每次都能按时交作文本。更为重要的是，每次都有进步。一年后，他的各科成绩都上去了。后来还被评为了学习积极分子。

一个好的教师，不仅要有渊博的知识和翩翩的仪表，更为重要的是，要帮助学生树立信心，使他们相信自己也能够和其他同学一样获得应有的进步。

这位教师，就在不断的鼓励当中让学生增强了自信，从而不断进步。这就是教育的艺术所在。

作为一个个赋有灵气、生动活泼的成长中的孩子，在他们的身上，值得我们用欣赏的眼光去看的方面有很多。所谓"寸有所长，尺有所短"，只要我们换作欣赏的眼光来看人，我们就会发现，原来我们的学生也是非常可爱的！

我们还应以审美的眼光看学生，看事业。审美的眼光不同于欣赏眼光的最为重要的特点就是：超功利性、非科学性。欣赏的对象，可能是因为对象对欣赏者有实用性的价值，比如买了一款非常好用的手机，买了一件合身的衣服等等，而审美的对象则不相同，它根本不涉及实用性与科学性，一般而言，实用性比较容易理解，说白了，就是指对审美主体的有用或者说能带来实际的利益。而非科学性指的就是非认识性。因为科学的最根本目的在于对客观事物的认识，以求得对事物的规律性认识。审美的眼光则是以情感的态度对待审美对象的，它不关涉功利，也不涉及掌握对象的规律什么的，审美主体主要是通过审美获得一种愉悦感,一种心灵上的享受。更确切地说,审美的超功利性表现在:它不是一种物欲的满足,更不意味着财富的追求,而是一种心灵激荡的追求。同时,审美也是一种感情教育,它是在激情的促动下的一种情感教育。

人是重感情的动物,是有着丰富的情感世界的。教师激情的勃发,正是情感教育的好资源。教师有了激情的燃烧,有了审美的眼光,学生的感情教育就可以自然而然地进行了。这也正是我们目前的教育所缺乏的。人的境界的提升,人的兽性的改变,在一定意义上,都是通过审美教育来完成和实现的。缺少了美的熏陶,人们对感觉的需要就往往是兽性的发作或刺激的满足;缺少了美的熏陶,物欲的东西和功利的心理就占上风。而以审美的眼光看学生、看事业,是进行审美教育的前提,否则,就可能是一句空话。

具体说来,以审美的眼光看学生,看学生的进步,学生就都是美的,都是值得肯定的,都是值得教的,更值得教师去付出心血,去为之努力的。这是最好的审美教育。教师在学生身上倾注了情感,把学生当做审美的对象进行教育教学,学生就能感受到,体会到,其心灵就能够得到升华,这其实就是一种情育。

4. 有效沟通化作的一种诗意

"情"与"诗"几乎是一对孪生兄弟,是同时诞生的。没有情,诗无由生;没有诗,情则缺少喷发的渠道。两者互相依存,互相促发,共生共存。情感勃发时,正是诗意诞生的时刻。

"诗"是一个有着多义、歧义的概念。一般而言,人们都是从文学体裁这个意义上去理解的，把它理解为与小说、散文、戏剧并列的一种文学体裁，诗意就是指诗歌的意义、意境等；也有人把"诗"理解为整个文学，指所有的文学艺术，包括绘画等。这种理解下的诗意，指的就是文学艺术作品所描绘的优美的意境。其实，对于"诗"，人们还有一种理解，就是为人所获得的美妙深邃的人生体验。我们这里所说的诗意就是指人的一种美妙深邃的人生体验。本书就是在这个意义上阐述"诗意"这一概念的。

原规则之八：诗意为教育添色彩，让教育更美好。

具体而言，什么是诗意？"人，诗意地栖居在大地上"，这是德国诗人荷尔德林《人，诗意地栖居》中的一句诗。这句话，能够让世人所知，是因为海德格尔。他以浪漫哲学家的情怀无休止地诗化解析，加之海德格尔在世界思想史与哲学史上的地位，使荷尔德林这个原创者被忽视了。

人诗意地栖居，是一种与自然和谐相处的美好的生存状态。你仰望星空，凝视明月，泛波五湖，踏遍青山，这就是一种诗意。人与自然亲近，不必一定非要居于宁静的山野，优雅的园林，只要有一颗热爱大自然的心灵，就是诗意栖居于这个大地上。

人来自于自然，人心就与自然相通、相融。如果我们仅仅因为工作的忙碌而忽视了自然的存在，那么我们的情感会慢慢干涸、枯萎、直至麻木，真要那样，我们的激情从何而来？栖居，当然也不是仅指的居住，如果我们把它理解为教师的教育生活，那么，欣赏大自然就是我们生活的重要部分。当我们在工作之余，背上行囊，越数重山，趟千条河,行万里路,溪泉处自有水声,树阴里自有鸟鸣,水穷处更有几片云起……这就是美,这就是诗意!

诗意地栖居,就是去感悟激情的美丽。美丽的激情,是超越了自然世界的清纯童话,是小我世界的高贵性灵。它是慈母手中的线,是游子身上的衣,是春天里紫燕的细语,是夏日里浅浅的清潭,是秋风里怒放的菊韵,是冬雪中第一枝梅的盛开。

在教师的生活中,对学生的微笑以一个积极的回应,对同事的帮助以一个真诚的感谢,对儿童的天真烂漫以一个欣赏的目光……这样的情怀,亦是诗意的情怀。

读诗书,赏美画,聆听名曲,是我们走向诗意人生的最佳途径。

这些,都是教师在与大自然沟通,与所有人沟通,与书本沟通之后的一种生命状态。

诗意的师生关系,应是诗意的重要内核。诗意的师生关系,是生命与生命之间的无间的交往与沟通。它不是那种建立在利用与被利用的关系上的交往,也不同于我与物之间的交往,而是师生生命之间心灵的律动。它是一种自由的,纯粹情感上的交流。师生在教育这个共同的场域中,实现着生命与生命之间的共同成长。

➡ 案例1-10

《论语》中,孔子与他的弟子们的对话,就生动地体现了这样的诗意:

子路、曾皙、冉有、公西华侍坐。子曰:"以吾一日长乎尔,毋吾以也。居则曰:'不吾知也!'如或知尔,则何以哉?"

子路率尔而对曰："千乘之国，摄乎大国之间，加之以师旅，因之以饥馑；由也为之，比及三年，可使有勇，且知方也。"

夫子哂之。

"求，尔何如？"

对曰："方六七十，如五六十，求也为之，比及三年，可使足民。如其礼乐，以俟君子。"

"赤，尔何如？"

对曰："非曰能之，愿学焉。宗庙之事，如会同，端章甫，愿为小相焉。"

"点，尔何如？"

鼓瑟希，铿尔，舍瑟而作，对曰："异乎三子者之撰。"

子曰："何伤乎？亦各言其志也。"

曰："莫春者，春服既成，冠者五六人，童子六七人，浴乎沂，风乎舞雩，咏而归。"

夫子喟然叹曰："吾与点也。"

三子者出，曾皙后。曾皙曰："夫三子者之言何如？"

子曰："亦各言其志也已矣！"

曰："夫子何哂由也？"

曰："为国以礼，其言不让，是故哂之。唯求则非邦也与？安见方六七十如五六十而非邦也者？唯赤则非邦也与？宗庙会同，非诸侯而何？赤也为之小，孰能为之大？"

像孔子这样，师生之间总是处在一种平静的状态中，率性而谈，无间无距，是真正的生命之间的对语，是真正的诗意教育。

这是诗意的教育生活的一个典型范例,两千多年来,一直成为人们心目中师生关系的楷模。

师生关系又是教育中各种关系中最为重要的一种。师生关系中诗意的凸显,是教师事业成功的体现,更是学生学习与生活中的幸福时光。

诗缘于情,情又生于诗,有情又有无间的沟通与交流,这才是我们应有的教育,应有的生活。

5. 榜样力量变成的一种品格

什么是品格?它有三个含义:①品性;性格。②指文学、艺术作品的质量和风格。③物品的质量、规格。本书主要指第一种含义。很显然,这应该是一个道德行为方面的概念。

人类把品格作为教育考虑的目标,并不是从现在才开始的,可以追溯到亚里士多德的年代。亚里士多德就曾提出,美德不能仅仅是教,还要通过表现美德的行为来形成习惯。17世纪,英国哲学家洛克提倡教育要促进品格的发展。英国哲学家缪勒把这一论题继续到19世纪,他提出"发展品格可以解决社会问题,是最有价值的教育思想"。斯宾塞认为"教育要达到形成品格的目标"。20世纪早期美国最有影响的哲学家和教育家杜威把品德教育看做是教育的中心使命。的确,历史上的教育总是持有两大重要目标:予人聪明,予人教养,也就是"培才"与"育人"。实际上,他们提倡品格教育,都有一个前提,那就是教育者的优良品格,他们都把教育者本人的优良品格,放在了首要的地位上。

原规则之九：品格影响人，品格也铸造人。

案例1-11

英国曾经有兄弟二人，因为盗羊而被逮捕，两人都被人在额头烙上了"S·T"两个字母，意即盗羊之贼（Sheep Thief）。哥哥因不堪这一耻辱的标记，便流亡他乡，但所到之处，人们均纷纷以其额上的两字母的烙印相询，使他无言以对。为此，他索性又干起了偷窃的本行，并因此被到处缉捕，不得不在各地漂泊，居无定所，饱经痛苦，死后葬于他乡。弟弟却重新做人，他说："我曾经当过盗羊贼，这是个不争的事实，但我仍可以留在故乡重新做人，以善行来赢得周围人的敬重。"

经过数十年，弟弟因其廉政温和、诚挚待人，不仅获得很好的名声，而且人们对他当年的恶迹也已全然淡忘。当有外地人背后问及他额上 S·T 两字母的意义时，一乡人居然答称："事隔年久，不知其详，我想此两字母大概是圣人（SAINT）的缩写吧！"

兄弟两个，同样当了偷羊贼，一个晚年命运坎坷，一个晚年受人尊重，是什么原因使得他们的一生有了如此迥然不同的命运？细究起来，不能不说这全是因为"品格"而带来的转变！

品格决定命运！这就是这个小故事所告诉我们的！

兄弟俩不同的品格，造就了他们不同的人生。

其实，在生活中，在教育中，类似的例子，我们仿佛都遇到过，甚至在我们有些教师的身上就已经存在，只是我们没有警醒而已。

教育工作中，教师良好而高尚的品格不仅是决定自己人生成功的重要因素，也是学生学习与仿效的生动的榜样。

　　教师的激情,能够燃烧出怎样的品格呢? 这是一个复杂的问题,尤其是在当前这个社会转型期,教师的品格尤为受人关注。因为在少数教师的身上,品格确实出了问题,如"一切向钱看"、体罚学生,甚至贪污腐败等,这不能不引起人们的注意。

　　"真金不怕火炼",优良的品格,即便是在没有他人在场的情况下,也仍然能够保持着其真正的本色。

　　有人说:"如何检验一个教师的好品格呢? 最好的办法是看他在艰难的压力下是如何反应的。社会性事件的发生往往会造成困难和压力,一个品格好的教师,无论在怎样的困难下,都会有正确的态度、语言和行动。这就是教师的可敬之处。品格好的教师可能成不了百万富翁,但他们的精神是富足的。"

　　教师的品格,就是学生的品格。因为,"长大后我就成了你",教师的品格将直接影响学生品格的形成。

　　中国古代,就有"人师"之说。所谓的"经是易得,人师难求",意思是:有专业水平的教师容易得到,而堪称学生人格、人品楷模的教师难以得到。可见自古以来,中国人就把教师的人品看得十分重要。

　　当年,季羡林老先生为新生看行李的故事,让多少人津津乐道,也让多少人将其视为自己为师的楷模。

　　教师的激情是因学生、因教育而燃烧起来的,是对学生、对教育事业的深厚感情。有了这样的感情,他们对学生、对教育事业,就会矢志不移,专心致志。

　　当然,自信、理性等等,也是激情燃烧的基本内涵。没有自信,就没有成功的教育;缺乏理性,教育就容易偏离了方向。这是不言而喻的。

如果说唤醒、责任、审美、诗意和品格，更多地倾向于教育中的非理性因素的话，那么，自信、理性等，则更多地倾向于理性的一方，它们同样为当代教育所必需，都是不可或缺的要素。

激情也并不是一味地任由梦想主宰自己。我们需要做的，是先要拥抱激情，然后利用智慧和理性等去滋润、壮大这份激情，并将其融入到自己的生活和工作中。

第三节　激情背后的价值逻辑推理

亲爱的朋友，我已经看到了您人生的辉煌，看到了您结出的累累硕果。在这之后，再看什么？您曾经的付出，尽是激情、尽是汗水。类似的解说，也许您便能顺应我们的思维，一起进入到激情的背后，和我们一起到内心去做一番考究。也就是说，我们不但在研究教师人生的成功因素，我们依旧在思考成功的背后那些见不到的东西，以及它们的意义和价值。

激情赋予教育的意义是什么，是什么促成教育激情在燃烧，教师燃烧激情后的得失怎样，这些都是我们需要去关注的。我们在研究影响教育效果的一些秩序时发现，"世间最乱的，莫过于心绪最乱。调整好我们的心绪，世界就变得和谐。"教育激情，它实际上就是心绪良性调整后的结果。在新的历史时期，激情的燃烧，将给我们的教育发展带来新的生机，将给我们的教师发展带来新的契机。拥有了激情的教育，拥有了激情的教师，我们的教育才会被看好，我们的教师人生才会被看好。拉开此话题,我们希望与您一块深入探讨,一块共进。

1. 生命的激情一定会让教育因此而更有意义

教育,向来都是人的教育,失落了人,教育就失去了根本,失去了本应拥有的色彩。人,是教育的出发点,也是教育的原点。

原规则之十:激情让教育摆脱理性的束缚,获得完整的意义。

目前,我们的教育失落了人吗? 我们的教育不是对人的教育吗? 可以说,我们的教育从来都是对人而言,从来也没有什么不是针对人的教育。问题的关键在于对人的理解。

那么,人是什么? 古往今来,人们对人是什么这个问题,有着许多的答案。诸多答案中,有一个在人类的思想界统治了几千年,那就是古希腊亚里士多德的"人是理性的动物"。将理性看作人的本质。

那么,理性的人是怎样的? 我们把它与感性的人进行一番对比,就清楚明白了。

感性的人,就是凭感觉做事,不考虑对方的感受、感觉,往往容易感情用事,自己的思想感情对事物起主导作用。

理性的人,则是站在相对客观的立场看待问题,自己的思想感情对事物的影响比较小,不意气用事,而是就事论理。

显然,理性的人,是客观的、冷静地思考问题,不被自己的感情所左右、所影响的人。对人,对事,都是不带任何主观色彩的。

由于人们发现了理性的力量,就把理性的作用捧到了无上的地位，认为凭借着理性，可以解决人们所面临的所有问题。理性高于一切。

中国的教育，在引进了西方教育体制之后，也基本上按照理性的逻辑进行设计和实施。这样，理性对教育，就进行了全面的渗透。这里仅以教学为例进行说明。价值理性为教学的意向性进行了辩护，交往理性成为了教学双边性的基础，工具理性与教学的中介性联系密切，实践理性为教学的伦理性奠定了基础。其他像教学的目标，教学构成中师生关系的建构等等，都有理性的基础或影子。在中国，还有一个特殊的教育国情，那就是应试。很奇妙的是，理性与应试一结合，仿佛把我们的教育推到了一个新的境地——理性化了。

人们在对教育进行设计时，就基本上排除了那些偶然的因素，寻求一定的确定性，仿佛教育就真的一定会完全按照人的意志发展和前行。实际上，在以人的发展为根本出发点的教育中，人的发展就提出巨大的复杂性：个体的差异性，过程中的随机性以及主体的选择性等。如此看来，那种想像控制机器一样控制教育的设想，是机械的，死板的，也只能是对教育的一种窒息，一种歪曲。教育其实很复杂，存在着诸多的不确定的因素，我们根本就不可能设计出一套适合所有人的教育教学的体制、方案。

由于受理性的支配，我们的教育就成了唯理性的教育，而这种所谓唯理性教育必然走向只重认知，而不重感情（审美）和意志（道德）的教育，最终因丧失学生的内在人格和精神世界的丰富性而产生出成批的犹如一个模子铸出来的机器人。鉴于此，我们的教育就需要变革，变革才有新的希望。

理性教育的最直接的结果是灾难性的。在中国,最为严重的灾难就是理性与考试的不谋而合,使我们的教育只见理性不见感性,只见理性不见情感。考试试题答案的唯一性,教育中各种关系的唯一性,就是最为典型的现象。尤其是像语文、政治、历史这些人文学科,更是重灾区。像语文这门本来富有情感的典型的人文课程,却让我们只看到了理性解剖刀的所向无敌,这把刀所到之处"没有全牛"。这些早已为人所诟病,所批判。

激情的人,将教育立足于激情的基础上,给教育以激情,给教育以新的方向。激情可以给教育注入新的因素,让教育重现新的生机,新的活力。

激情,给教育以新的动力。理性的教育,诉诸客观,诉诸逻辑,是一种主客关系之下的教育模式。它倡导的是教师要以冷漠的面孔,像严厉的法官那样去对待自己的学生,对待自己的工作。从根本上说,理性是排斥情感的,是中立的,是与情感绝缘的。而激情的渗透,则是教师以有情之眼去接触整个教育,去从事自己的工作。今天,一些教师中存在着职业倦怠的时候,激情的到来,就如同注射了兴奋剂,让教师们眼睛为之一亮,精神为之一振。

激情,将改写教育的出发点与根本目的。因为在激情的目光中,人们眼中之人,则是有情有义,有血有肉的,是完整的生命体。

教育以人为本口号提了多年,可是难以成为现实。原因何在? 一个很重要的因素就是理性支配下的寡情教育惹的祸,是理性偷走了完整的人的生命激情。因为在理性的眼中,只有必然性,只有逻辑性,根本没有偶然性,没有情感的参与,像语文这门本来具有丰富情感内涵的课程,也被理性的必然性与逻辑性所独占,没有感情的地位。激情燃烧中的教育则大不相同,在教师的眼里,每一个学生都是完整的生命,都是完整的人,而不是像以前那样只是单纯的理性之人。这样,教育的内涵就被大大丰富了,其必然的结果就是与生活相结合。

生命是在生活中才能具体展开的,展现的,离开了生活,就是空洞的、抽象的,而空洞的、抽象的人,与理性的人没有什么根本的区别,有的,也只是称呼不同而已。这样,教育的视野,教育的内容,教育的方式、方法,乃至教育的具体目标,就都会有新的变化,新的面貌。

激情的教育,是生命的教育,这是激情给教育带来的特殊馈赠。

在激情燃烧下的生命教育,将儿童看作完整的生命。

生命教育中的儿童,是诗意性的存在。他们是天真的,而不是小大人;他们是单纯的,而不是复杂的;他们是神圣的,而不是可以随意扭捏的。

生命教育中的儿童,是探索性的存在。儿童天生具有好奇心,天生具有探索的本性。苏霍姆林斯基说:"儿童就其天性来讲,是富有探索精神的探索者,是世界的发现者。"他们拥有探索的心灵和发现的眼光。在孩子的眼中,世界上的很多事情都是神奇的,神秘的,因而非得弄个明白不可。对神奇的世界,儿童的心里总是装着一大串疑问的:自然为什么是这样的? 天为何会下雨? 江河的水为什么总是永远不断? 太阳为什么每天都东起西落? 好奇心驱使他们生成满脑子的问题。

生命教育中的儿童,是梦的存在。人的童年时代,是一个多梦的时代。在他们的眼里,很多很平常的事物,都变成了神奇的,有趣的,因而,游戏就成了他们的主要活动。一根小木棍,就可能是一根马鞭,或者干脆就是胯下的一匹马;一个小凳子,就是一辆汽车……

激情燃烧中的生命教育,将给我们的教育一片新的天空:

➡ 案例1-12

导入:今天我们一起来做一个游戏。我来扮演上帝,你要绝对服从我的指令。这是游戏的规则,明白了吗?

活动一:模拟人生

我给每位同学一张纸……(分发白纸,教师可以自己发给学生,也可以让学生向后传。要注意①故意使一两张纸掉落到地面而弄脏;②最后有几名同学没有纸,就拿邻近同学的一张撕开一半给他们,要故意有一张撕得不整齐;③前面两点要做自然,像是教师粗心随意而为,不能让学生感觉到教师有意如此。④要特别注意观察拿到脏纸和半张纸的同学的反应,后面要重点发言。)

上帝给了你们每个人一张纸,还要给你们每人一支笔。(笔有各种颜色,让学生自己选择,也可以更换,老师也可以拒绝更换的要求。)

现在请你们每人画一张画,你想画什么就画什么,上帝没有任何要求,你自己可以随意画什么都可以,限时5分钟……

刚才我注意到同学的反应,有一些同学对上帝相当不满意。请这些同学说说吧……

我们刚才模拟了一次生命过程。有人说,人生来像一张白纸,我认为其实并不都是一样的白纸,人生来是不一样的,正如我们手中的纸有干干净净纯白的,也有残缺不全的,还有沾了污迹的。但是,重要的是我们都有了一张纸，如同我们都有自己的生命。

上帝给我们生命，和我们生命中无法选择的出身。同时还给了我们一支笔，代表我们生命中的资源。有的多一些，有的少一些，有的同学甚至没有。这时我们怎么办？有谁会轻易放弃自己的生命吗？我们看看 2007 年的第四届 CCTV 舞蹈大赛中失去右臂的马丽和失去左腿的翟孝伟演绎的舞蹈《牵手》，还有什么理由轻贱自己的生命呢？

我们怎样描绘自己这幅画，实际上就是怎样经营自己的一生。有的随意涂抹，有的极为认真，我最为那几位只拿到半张纸或没有笔的同学担心，因为我知道他们心里一定很难受，但让我感到欣慰的是，有的同学不仅完成了自己的画作，甚至还出现了几种颜色，我认为这代表着他（她）不但没有被生命中的不公平淹没自己，陷入抱怨，而且善于整合自己生命的资源，创造出更美丽的生命过程。有几人的生命没有遗憾？命运无常，我们生命中的每一分每一秒都是十分珍贵的，今天我们在这里学习，谁也无法预料自己的生命什么时候就会被上帝召唤。我们只有把握住今天的每一分每一秒，才能让自己的生命过程变得丰富、精彩、美丽。

生命是具体的，不是空洞的。这个例子，可以让学生在情境中体会到自己生命的可贵，人生的重要。其效果，就不是那种仅仅以理性为轴心的教育所能比拟的。

生命教育，直接接触真实的生命，直接触及活生生的心灵深处。

激情的教育，也是个性的教育。激情的燃烧，将会烧出一片个性的教育绿地，给教育的以新的希望。

2. 成就感一定会让教师因此而有尊严

教师激情的燃烧，不仅仅是教育之幸，更是教师个人之幸。它将使教师个体生命焕发出新的生机与活力。

教师的职业，是个古老的职业，从其诞生的那一天起，其发展就为人们所关注。

教师的职业，也是一个与时代共命运的职业，总是与时代的脚步共进。

教师的职业，又是一个需要不断地注入新的因素的职业，它总是因此而腾飞。

曾几何时，教师的激情低落了，对职业缺乏一种发自内心的激动。让一些教师感到职业的暗淡，生命的暗淡。

今天，当教师拥有了激情，其生命将重现绚丽的光彩。

原规则之十一：学生学业的成功，教师成为优秀的自己，让教师更多地赢得尊重。

北京市教育部门对该市 15 所小学 554 名教师的调查发现，58.46% 的教师在工作中烦恼多于快乐；55.98% 的教师经常患病或患慢性病；甚至有 3.64% 的教师在校内很少同别人交往。

新课改实施一年后的 2006 年 9 月，《当前教师职业幸福感的现状研究》课题组对常州市 4 所市属中小学（其中重点中小学校各 1 所，普通中小学校各 1 所）教师的职业幸福状态进行了随机访谈，并作了抽样调查，发现真正体验到职业幸福的教师为数不多，主动追求职业幸福、创造职业幸福的教师则更少。有相当一部分教师在工作中时常经受着各种压力的侵扰，其对于自身的职业满意率低，缺乏自豪感，存在职业倦怠和弃教改行的念头。

今天，当教师的激情又燃烧起来之后，为教师走出职业倦怠感这一困境，提供了新的动力。

美国著名教育家理查德·威伍教授说过："一个伟大的教师一定是有激情的教师。"

教师积极向上的教育激情，这是教师精神焕发，专业发展永不衰竭的源泉。教师激情的维系需要不断地给自己充电，不断地完善和创新教学方法，不断地挑战自我，超越自我，从而获得一种成就感。而课堂就是教师获得成就感的最为主要的场域。

教师的发展需要激情，教师的课堂需要激情，因为课堂是教师发展最为重要的舞台。在课堂上，可以让教师的激情感染学生，让教师的激情调动学生。教师能找到自己的感觉，就找到了发展的平台。任何一门枯燥的课程，只要教师用激情去演绎，一定会变得精彩生动，学生一定会听得津津有味，课堂一定会大放光彩，让师生同乐。充满激情的教师，必然会在课堂上忘却生活中的不愉快，心里想的是如何上好这堂课，眼里看到的是几十双渴求知识的眼睛和可爱的笑脸。充满激情的教师在课堂上定会表情丰富，两眼有神，时而声音洪亮，时而轻声细语，兴奋处甚至会手舞足蹈。充满激情的课堂必然会气氛活跃，充满笑声和欢乐。教师讲得生动有趣，学生听得如痴如醉。

将军成长在战场，教师成长在课堂。课堂上的激情飞扬，就是教师发展成长的契机与希望。

对每位教师而言，对学生、对教育事业的热情，都是他们发展的重要动力。一个激情澎湃的教师，能时刻享受到职业带给他的乐趣，享受到职业的幸福，他的职业生涯就因此而亮丽。更为重要的是，因激情澎湃而让教师将整个的生命都投入到教育中去，投入到日常的工作中去。这样，学生与教师两个生命体之间，就会因为相融相契而迸发出生命的光彩。

成为优秀的自己，这是新时代对教师提出的新要求，也是教师成就自己的根本体现。优秀的自己，就是一个充满朝气，充满活力的生命体，如果仅仅是理性的自己，也就与真正的"自己"无缘了。因为人人都是理性之人，何来"自己"？而生命，因激情而逾越，因激情而奔放，就能发现真正属于自己的领地，真正属于自己的天空。

优秀的自己，是有自身特点的自己，而不是他人。仅仅以他人为榜样，一切都以他人为模范，即便是优秀了，也不是自己。优秀的自己，是从教师自身的特点与需要出发，扬自身之长，避自身之短。如，你有写字的特长，就体现你写的特长；你有唱歌的特长，就发扬你唱的特长；你有速算的特长，就发展你算的特长……这样成长起来的，才是真正的自己。

优秀的自己，也是在教师个体生命所处环境里所允许的最佳的自己。这样，教师就"能够从自己生命本身出发，珍惜和利用自己的生命资源，滋养自己，保持自身生命内在的一贯性，不断创造性地适应生存环境，不断超越'当下'的自己。"优秀的自己，既是眼前的教师自己，也是未来的自己。优秀的自己，是在生命激情的激励之下有着积极向上、乐观、开朗、豁达的人生态度与追求的生命。尽管在我们自己的生活和工作中,常常会遇到各种坎坷、痛苦、失望、委屈乃至冤枉,但有了积极的生命激情,积极的人生态度,就常常能够做到心平气和,不抱怨,不埋怨,不后悔,不迷茫,也不盲从,过着一种宁静、自由、怡然、健康、快乐的生活。

成就优秀的学生,更是教师值得骄傲的资本。因为,学生的优秀,才是教师工作的根本目的。教师是因学生的存在而存在的。

3. 乐天知命一定会让教育更有力量

《周易系辞上传》中说"乐天知命,故不忧。"意思是说:能够乐观地接受天道自然来修养自我,知道自强不息地做好自己当时该做的事,对过去的事不采取后悔的态度,而是为不断地完善自我修养而努力,对未来的事不采取憧憬梦想的态度而是脚踏实地地去做当前的事,尤其是以实践仁道、推行仁道为己任而不求名利富贵,还有什么得失,还有什么忧虑呢? 修养身心,不管处境是穷困或是显达,都要抑制心中的扰乱,这就是"乐天知命故不忧"。

这是一种较高的生命境界。

原规则之十二:教师乐天知命,教育就将成为享受。

著名哲学家冯友兰先生认为人的生命存在着四种不同的境界,即自然境界、功利境界、道德境界和天地境界。

天地境界,就是一种完全摆脱了功利,走向了自由的境界。

一个激情澎湃的教师达到了这种境界,就是处在巅峰状态,那就真是全无敌了。

教师如果达到了这样的境界,在他的心目中,就将自己的生命与事业合二为一了。他的生命与教育事业,是一而二,二而一的东西,不分彼此,没有你我。

这也是一种游戏的状态。教师在这状态下进行工作,就是一种真正的享受了。

当然,这样的享受不仅仅是教师的专利,而是与学生共享。

在今天,教育就应该是一种享受。现代心理学告诉我们:人都有一种向往美、趋乐避苦、趋向成功避免失败的心理。在这些心理的驱使下,人们往往会表现出一系列的行为,在教育中,这些心理就表现在许多方面。教育就应该充分利用人们的这种心理,把我们的教育办得更加人性化,办得使学生们越学越爱学,而不是越学越厌学,越学越不愿学。

这样的教育就应该是让学生在受教育时,感觉到:教育 = 享受,而不是受苦与吃苦。

享受什么?

享受美。有人认为,教育的最高境界是美。今天看来,这是真理。因为美是无功利的,它是一种境界,是一种让人赏心悦目的情境。

➡ 案例1-13

比如,在语文课上,有位老师在教柳永的词《雨霖铃》时,这样开头:

"在东京城外、植满垂柳的汴河码头。凄清冷落的深秋,一场骤雨刚刚下过,树梢上的寒蝉又如泣如诉地叫了起来。在长亭送别的人慢慢饮酒,细细话别。一直挨到傍晚,雨也停了,舟人催促,该是起程的时候了。——这首词展现在我们眼前的是一幅我国十一世纪缠绵的送别图……"

接着，老师放《雨霖铃》的教学磁带，先读后唱，民乐伴奏，昆曲声腔。在悠扬悦耳的箫、笛声中，学生倾听着凄楚婉转的女高音歌唱，眼看课文和注释，很自然地进入了词的境界。

它是一种感受，一种体验，是学生在美的情境中感受到、体验到美。这样的教育，不是享受是什么？

享受快乐。教育离不开快乐，没有快乐的教育，将是死气沉沉的，令人窒息的。教育是一种活动，这是一种老观念了。可是，人们很少将之付诸实际。有时即便是有一些所谓的活动，也只不过是为了印证老师预先设计好的结论。这是变了味的活动，被扭曲了的活动，不是本来意义上的活动。这样的活动，就毫无快乐可言。实际上，一般而言，本来意义上的活动就基本上意味着快乐，更多的是与快乐联系在一起的。如果我们的学校教育活动多多，快乐多多，不是享受那才怪呢！

著名教师马芯兰，这位首都十大杰出教师，全国"五一劳动奖章"获得者，在教学中，常常将抽象的内容，以游戏的方式帮助学生理解。例如，为帮助学生理解"同时"、"相对"、"相遇"、"相向而行"等概念，她组织学生到操场上，分成两队，分别在操场两边迎面竞走。老师说"走"，两人同时相对行走，让学生形象理解"同时"、"相对"的意思；两人碰上时，老师说"停"，告诉学生这是"相遇"，接着让学生观察两人相遇时谁走的路程多，理解这是同一时间内两人各走的"距离"。马老师在教小学一年级新生的数学时，也想了许多新招，让学生在游戏中进入情境，大大调动了学生学习的积极性。让学生在快乐中接受教育，应该成为我们的理想。

享受成功。学生在学习中受的挫折多，失败多，是我们当前教育的一个特点。学生如果经常遭遇挫折，遭受失败，就会灰心丧气，看不到人生成功的希望。

我们的教育，就是要多让学生从他们自己的成功之中，体验到成功的乐趣，感受到教育带来的快乐，从而孕育乐观的人生态度。

这样的教育，其力量是最大的，能够"俘虏"每一位学生！

这也是教师最为潇洒的时候。

"宠辱不惊，看庭前花开花落；去留无意，望天空云卷云舒。"用一句原先比较流行的话说就是：潇洒活一回！

这样，教师在潇洒的时候，也就是自己的职业尊严感最强的时候。

章节感言　教育中不能没有你

激情对于教师，犹如健康对于人的身体的重要性一样，教育中不能没有它。

我们完全难以想象，一位教师如果没有激情，他的课堂，他与学生的关系，将是一种怎样的状态。没有笑容，没有情感的课堂，将是灾难性的；没有情感，没有交融的师生关系将是一种怎样的关系。

同样，没有激情，教师的职业人生涯将留下无限的遗憾。

一定程度上，是激情为教师插上了腾飞的翅膀，是激情让教育更加多姿多彩。

第二讲　激情与教师的教育人生

激情燃烧的教师,是魅力十足的教师;激情燃烧的教育,是充满希望的教育。

燃烧的激情不同,教育人生也就不同。在这个意义上,造就激情燃烧的教师,就是造就激情燃烧的教育。

不同的教育人生,其激情的差异是客观存在的。差异的存在,使教师自身体现出来的价值也不同。教育不是牟利,也不是谋名;教育是一项谋未来的事业,是一项谋永远的事业,教师就是为学生谋未来,就是为学生谋永远。

教师是让人的生命响亮的慷慨侠士,在点燃学生求知火把、吹响学生探索号角的过程中,也实现着自己人生价值的辉煌。而这一切,都需要情感的火热,情绪的高涨,所以,学生推崇激情昂扬的教师。

那么,教师的职业生涯中,激情燃烧的教育人生有哪些呢?本章我们将为您解答。

第一节　不能总是让激情休眠

休眠,词典中是这样解释的:"昆虫在生长发育过程中,由于环境条件的直接刺激或诱导而出现的暂时停止发育的生理现象,即通常所说的蛰伏,也称越冬或越夏。休眠是由不良环境条件直接引起的,当不良环境条件消除时,便可恢复生长发育。"用一句简单的话来说,休眠就是昆虫在外界环境不适合自己时候的一种自我保护措施。

一个充满激情的教师,当选模评优,晋职评聘,自己做的工作得不到认可,得不到领导赏识时,就会产生一种懈怠的情绪,这种情绪会逐渐侵蚀教师的激情,达到一定程度时,就会使教师的激情处于休眠状态。

激情休眠,指的是激情暂时停止的状态。它是人在激情消失状态下的低迷,是对教育的情绪低迷。处在激情休眠状态中的教师,他们会感到失意、悲观、缺乏信心;对工作低迷,勉强、粗糙、退步、不思进取……

历史上,那些曾经激情四射、豪情万丈的人,当遇到不顺心的事,不顺心的人,激情就可能因此而转入休眠状态。

李白本有济世之志,然而他的这种志向却始终没有实现。天宝元年,李白应玄宗御召来到长安,满以为可以大展政治抱负,但他在宫廷,仅供奉翰林,"倡优蓄之"而已。他没遇到能识得自己才能的人,他感叹自己空怀经天纬地之才而无从施展。"闲来垂钓碧溪上,忽复乘舟梦日边。"表达的就是李白无法实现"辅佐天下"愿望的郁闷心情。他"飞流直下三千尺,疑是银河落九天"的豪情壮志,也因在政治上的不得志,在唐玄宗的放"金"归山后激情休眠了,熄灭了。于是,我们只看见了一位诗人李白,而错过了一位政治家李白。

当我们第一次走上神圣的讲台,当我们第一次听见学生叫我们一声"老师"时,我们心中油然而生一种激情。没有爱不是教育,没有激情不是教育。这种激情会鼓舞我们去爱每一个学生,去宽容每一个学生。

随着时间的推移,刚上班的新鲜感逐渐消失,当满腔热血无法施展之时,当给予学生无微不至的关心而学生认为你啰唆无聊之时,当面对自己设身处地为学生着想而家长不了解之时,当面对帮同事出谋划策而同事认为你事不关己高高挂起之时,当面对学校工作你鞠躬尽瘁而领导认为你做事过于认真不够听话之时……我们的心中又会有何样的感觉呢?

教师在对学生、对事业有了休眠激情之后,在工作中,将是怎样的一种情态呢?

1. 也有教育无激情的人

激情与无激情,二者虽差一个字,意义却相差很大,一个精神饱满,一个精神低迷;一个士气高涨,一个情绪低落;一个积极向上,一个萎靡不振。

无激情比激情多的不单单是一个字,多的是一种沧桑,多的是一种心态,多的是一种无奈,多的是一种感慨。哪个教师刚上班时不是激情豪迈,不是激情澎湃?但这样或那样的因素又使得教师的激情慢慢变得理智、成熟。

那么,无激情的教师,在工作中又是怎样的一种精神状态呢?

原规则之十三:无激情的教育是死水一潭,无激情的教师成就不了完美的教育。

曾经有个教师说过:"我呀,当一天和尚撞一天钟,教好教不好无所谓,反正我就领那点刚够柴米油盐的工资。"还有一个教师说:"每节课四十分钟,我都讲了无数遍了,背都背过了,课下不用看,上课就能讲得天花乱坠,行云流水。"

两位教师有一个共同点:无激情。无激情,让他们把教师当成一种谋生的手段,当成一个饭碗,其教学效果是可想而知的。

教育是神圣而崇高的,教育是育人的事业。这样神圣而崇高的育人事业,是需要激情的,需要教师充满激情地全身心投入的。

➡ 案例2-1

有位老师带的是初三毕业班,学生进入复习阶段的时候,每天都布置一套试题给学生当家庭作业,作业量大,白天根本就来不及批改,这样的情况下他就要在课堂上评讲典型题,一般都是两节课讲一套卷子,如果课时不够,就会向别人借课。这样一来,他两个班每天至少是四节课,复习阶段学生的纪律不是太好,他不得不扯着嗓子维持纪律。这样,他的嗓子就有些受不了,下了班总感觉很累。

在日常教育中,他除了疲于应付学校布置的种种管理任务外,也只是习惯性地被教材牵着跑，无法安心去将课备得更好。

为什么他每天的工作变成了简单的程序，心变得麻木，难以体会到与孩子们相融相属的单纯快乐？为什么他懒于记录与他们相处的点点滴滴？难道那些孩子不可爱吗？原因在于，他缺乏激情。他只是把自己当做机器一样，按照一套既定的程序工作，没有情感的投入。

我们也许看惯了讲台上老师们的疲惫与敷衍，听够了老师们课上、课下的埋怨与消沉，难道这就是我们教师的生存写照？目前，我们的工作境遇可能还有不尽如人意的地方，但是，我们面对的是朝气蓬勃、青春飞扬的青少年啊，他们是有活力有激情的，有血也有肉的，他们更渴望充满激情和活力的课堂！他们更喜欢富有朝气、心灵相通的老师！

到底是什么原因使一些教师缺少教育激情呢？我想，其根本原因在于对职业的冷漠以及执著的敬业精神的缺乏。有人把教育事业当做一种维持生计的手段，养家糊口的职业，由此只能带来情感上的冷漠和无奈，工作上的应付和松懈，也就谈不上什么激情，更谈不上什么创造性地工作了。

➡ 案例2-2

下面是一位教师讲授《壮丽的青春》时的教学片段。

师：下面的时间同学们采取小组合作的形式，运用人物描写图式来深入地理解课文，找出本文是从哪些方面来描写欧阳海这个英雄的，表现了他的什么品质。看看哪组学得更好。

（学生按老师的要求开展合作学习，教师深入到各组巡视。）

师：你们为什么不参与讨论呢？有什么困难吗？

生：老师，我们课文读的不通顺。

（老师指导这两个学生读课文）

（一会儿，老师又到了一个小组，发现学生只找到了神态和动作两个方面）

师：课文只是从神态和动作两个方面来表面欧阳海这个人的吗？读读最后一个自然段，看看有什么新的发现。

生：谢谢老师。（小组又继续讨论）

（老师来到了另一个小组，发现两个同学争论得面红耳赤）

师：你们的意见有什么分歧吗？

生：我觉得课文最后一段是写景物，跟描写人物没有什么关系。应该去掉。

生：我觉得这一段既然作者写了，一定有用的，不能去掉，但是说不清楚为什么。

师：你们提出的这个问题很有价值，老师和你们一起讨论好吗？

生：好。

（师生共同讨论）

（老师又让这组的同学提出这个问题在全班交流。最后得出了结论：这一段是用景物描写来衬托人物的心灵，是间接写人，由此丰富了人物描写。）

这个片段中，老师虽然很好地组织学生进行讨论，但是缺乏激情的渗入。这样一来，学生自然而然的没有了激情，只是就问题讨论问题，粗略地得出答案而已，没有更深层次的讨论，其教学效果可想而知。现实中，类似的课，比比皆是。教师板着一副脸孔，把学生拒于千里之外，师生之间，怎么能够得以相通？

无激情，从根本意义上说，是激情的缺失，对教师而言，就是教育激情的缺失。不管怎么说，一个缺乏激情的教师肯定不会是一个好教师，一个无激情的教师肯定不是一个令学生崇拜的教师，一个无激情的教师也肯定不是一个成功的教师。

教育的激情源于教师对教育的无限痴情和执著追求，教师的激情源于将教育当成了生命的全部。没有激情的教育是冰冷的。如果教师在教学中无热情、无激情，那样的课堂就如一潭死水，它会僵化学生的思维，冻结学生的灵气，窒息学生的创造。这样的教师，仅仅把教育当做谋生的手段，把学生当做匆匆的过客。

激情就是教师用自己整个生命去拥抱教育，使自己的灵肉与教育水乳交融；激情就是教师对教育的痴迷，一种达到忘我的境界；激情也是教师用自己诚挚而火热的心，去呵护学生的灵气，去催化学生的创造；激情就是教师全身心地对每一个学生负责，对学生的整个一生负责；激情就是教师用自己的智慧和创造，去谱写教育的新辉煌。

而缺乏激情的教师，就只能是做一天和尚撞一天钟，对工作缺乏热情，对学生缺乏关爱。这样，他们的课堂就死气沉沉，没有活力；师生关系也就紧张。所以，教师必须激情满怀。

2. 为了有价值的人生理清紊乱的激情

紊乱，是指杂乱或者纷乱。紊乱的激情，就是杂乱或者纷乱的激情，特指不连续、时断时续、忽冷忽热的激情。紊乱的激情，我们或许都有过,但本不应该有的。

原规则之十四:理清紊乱的激情,最佳办法是让它冷却至正常。

➡ 案例2-3

有一天,刮着大风,下着大雪,外面像是有无数发疯的怪兽在呼啸厮打。

教室里,大家都在喊冷,读书的心思似乎已被冻住了。满屋子的跺脚声。

鼻头红红的杨老师挤进教室时,等待了许久的风席卷而入,墙壁上的《中学生守则》一鼓一顿,开玩笑似的卷向空中,又一个跟头栽了下来。

往日很温和的杨老师一反常态:满脸的严肃庄重甚至冷酷,一如室外的天气。乱哄哄的教室静了下来,我们惊异地望着他。

"请同学们穿上胶鞋,我们到操场上去。"

几十双眼睛在问。

"因为我们要在操场上立正五分钟。"

即使杨老师下了"不上这堂课,永远别上我的课"的恐吓之词,还是有几个娇滴滴的女生和几个很横的男生没有出教室。

操场在学校的东北角,北边是空旷的菜园,再北是一口大塘。

那天,操场、菜园和水塘被雪连成了一个整体。

矮了许多的篮球架被雪团打得"啪啪"作响,卷地而起的雪粒雪团呛得人睁不开眼，张不开口。脸上像有无数把细窄的刀在拉在划，厚实的衣服像铁块冰块，脚像是踩在带冰冷的水里。

大家都挤在教室的屋檐下，不肯迈向操场半步。

杨老师没有说什么，面对我们站定，脱下羽绒衣，线衣脱到一半，风雪帮他完成了另一半。"在操场上去，站好!"杨老师脸色苍白，一字一顿地对我们说。

谁也没有吭声，我们老老实实地到操场排好了三列纵队。

瘦削的杨老师只穿一件白衬褂，衬褂紧裹着的他更显单薄。

后来，我们规规矩矩地在操场站了五分多钟。

在教室时，同学们都以为自己敌不过那场风雪，事实上，他们顶住了。

杨老师是爱学生的，但是爱的方式不是很对，恨铁不成钢的心情虽是可以理解的，但是不能采取看似极端的办法，极端的方法在在短时间内一定程度上可能取得较好的效果，但从长远角度考虑，是弊大于利的，因此，紊乱式的激情断不可取的。

紊乱式激情是一种不连续的，间断的激情，就是我们平时说的情绪化的激情。有时对待学生像春雨，风和日丽;有时对待学生像暴雨，电闪雷鸣。

紊乱与执著是截然相反的，是两种不同类型教师的情感体现。那些拥有紊乱式激情的教师是为自己的性格脾气负责，以个人的好恶做出判断，一切以自我为中心，对待学生的态度有时过于严厉，有时甚至是训斥，情绪很不稳定。紊乱的激情，可能会造成严重的后果。而具有执著式激情的教师是为学生着想，为学生负责，为学生的未来负责，对待学生的态度稳定的,而不是变化无常的。他们对学生,更多的是鼓励,鼓励,再鼓励。

情绪化就是紊乱式激情的一种表现形式。我们教师也是普通人,在工作和生活中会遇到这样或那样的不顺心的事情,这就需要我们能及时调整自己的情绪,迅速适应教育环境。如果像上面的教师那样把情绪带到教学中来,可能会收到相反的效果。教育不是任凭教师情绪支配的,它需要教师长期不懈、执著追求、连续不间断的责任和意识。

情绪化的教师常常表现为:当心情好时,就会兴致高涨,春风满面,要么看学生的"问题"不成问题,甚至变得没有问题,也就难免心不在焉,敷衍了事;要么突然变得耐性十足,对学生百般"教导",翻来覆去,不厌其烦。而当心情不好时,就常常不问青红皂白,当场甚至大庭广众之下大发雷霆,不是声色俱厉地批评,就是随意严厉地惩罚,很少考虑学生的感受。他们总认为是学生的错,是学生给自己找麻烦,学生是该骂该罚的。

教师处理学生"问题"的情绪化,一方面表明了教师对教育对学生缺乏应有的责任心,纯粹凭自己喜好和厌恶去对待学生,结果往往造成教育的盲目性和随意性。另一方面也显示了教师个性心理的不成熟和不稳定,在某种程度上还可能是教师自身压抑、焦虑、苦闷的反应。这些反应既来源于"问题生"制造的"问题",更是来源于教师对待他们的不正确方式的本身,而这两者又可能"相辅相成",久而久之,就会形成恶性循环:教师越处理不好学生"问题",学生"问题"就越大,教师就更加情绪化。

当然,造成教师激情紊乱的原因是多方面的。但只要我们静下心来想一想：我们干的是为未来塑造灵魂的事业，我们就不应该让那紊乱的激情拥有存在的空间。

理清紊乱的激情，最好的办法就是保持清醒的头脑，在任何时候，都不能头脑发热，或者仅仅凭着自己的心血来潮去对待教育教学中的任何事情。尤其要反对那种自己心情不愉快，就拿学生出奇的做法。这样的做法，既可能伤害了学生，也可能让自己在学生面前失态。教师也就有可能失去了学生对你的尊敬，失去了自己在学生心目中的威信。

执著式激情能让紊乱的激情冷却，我们要执著于教育这一职业，享受教育的幸福。

第二节　激情不只是为了生存

生存是指活着，通常指生命系统的存在和生长。生存式激情是指处在生存状态下的教师，把自己所从事的职业看成是生活或者获取地位的一种基本手段，以此获得一份固定的收入，用以维持生计。事实上，这一职业并不是他们的所爱和首选，他们是不得已而为之。

拥有生存式激情的教师往往把自己看成是知识的搬运工。在这些教师看来，教书无非就是知识的输出，就是把知识从书本装进学生的大脑里，就像把知识从这一个仓库搬运到另一个仓库。因此，照本宣科、填鸭灌输是最容易使用的方法，机械训练、题海战术是再常用不过的事情。如此一来，教师这个知识的搬运工的职业活动就变得单调乏味而简单重复。

　　拥有生存式激情的教师,由于对教育本身缺乏真正的激情,对工作的态度是"做一天和尚撞一天钟"的敷衍态度。他们的教学工作是日复一日的简单重复,每一天,每一节课,都不过是多年以前备课内容的再次复述;每天的上课不过是将书本知识向学生头脑的强行填塞。长期机械的劳作确实使他们呈现出一种如工匠般的熟练。但是,这种熟练不但没有给他们自身以及学生的身心发展带来积极有益的影响,反而使他们由于思维总是在旧有的轨道上运行而导致教学能力的退化,灵性和活力也因此被磨灭。这样的教师,只能算是毫无思想、毫无创造力的"教书匠",不仅不能使学生得到有效培养和提高,连他自己也不能从教师职业中得到幸福与快乐的享受。

　　教师在对学生,对事业有了生存性激情之后,他们在工作中,又是怎样的一种情态呢?

1. 生活所逼而为师

　　"为了生活我四处奔波,我到底追寻着什么。"当初也许是为了有一个固定的工作,不多不少的工资可以养家糊口;也许是为了心中的理想,让自己的桃李满天下,因而选择了教师这一职业。但随着时间的流逝,他们就可能发现理想离自己越来越远,而生活的烦恼离自己越来越近。不容置疑,刚上班的教师几乎全部都是理想式的教师,心怀学生,心怀教育。而慢慢地,大多数就开始变成生活式的教师,只管上好自己的课,做好自己的事。

　　教育现实与教育理想间的落差,给满怀雄心壮志的教师以沉重的打击。从教育院校毕业的青年教师,他们是带着梦想来到学校的,希望能成为受学生欢迎的优秀教师，在省地市颇有名气，施展一身本事，逐渐做主任或校长。可是由于教育环境、教育资源抑或他们本身的不足，导致了三五年甚或十年都还是很普通，甚至连几个优秀学生也没教出来，几个好班也没带出来。于是，昔日的万丈雄心化为一缕青烟，消弭在校园里。理想与现实给了他们沉重一击。

原规则之十五：生活所逼为师是一种无奈，激情为师才是教师应持有的情态。

一位教师经常向大家抱怨，基本工资全国教师都一样，可实际拿到手的数目却不啻有天地之别，而且，他那里至今还存在拖欠教师工资、强迫教师集资等现象。至于月奖年奖根本就没机会享受，即便是有，基本上也属于精神安慰大于物质享受的毛毛雨，和城市同行相差数倍，有的甚至相差十倍百倍。教育部门总是用地区差异、城乡消费水平不一样来试图掩盖这一问题，然而牵强的解释怎能让人真正信服！他一个月的收入折合成对房子的购买力，可以在当地买两个平方，而现在一个平也买不回来！如果是自己居处，那买套50个平方的小户型需要100个月！如果要结婚，那就至少要买套80个平方的房子，这需要160个月！这还是在不计算装修、家具和电器的情况下的得数。

这位教师，他所面对的现实，是实实在在的，是真实的。但他决不能因此而消极，因为自己毕竟还年轻，还有的是希望。

生存是每个人的权利，教师也不例外。活着不是为了吃饭，但活着一定要吃饭，教师一定要努力创造激情教育。有的教师为了理想走上教师岗位,有的教师为了生活走上教师岗位,有的教师为了饭碗走上教师岗位,无论为了什么走上教师岗位,教师都需要激情,为生活所逼为师是成不了幸福的教师的。充满职业激情的教师才是幸福的。

生存的问题让一些教师感到消极,他们平时工作中的简单重复,机械复述,单调乏味,枯燥之极,使他们产生了职业倦怠感。

➡ 案例2-4

同事眼里,赵老师是一位十分敬业的老师,为了做一个课件,他可以熬上一整夜。但这个学期开学后,他脸上总挂着疲倦的神色,变得越来越不爱说话,因为他带了个高中差班:"我每天早晨6点起床,但不到5点钟就会醒,脑子里想的全都是今天的课怎么上,哪几个学生的成绩又掉下来了,如何完成这个学期的教学任务……"赵老师形容自己每天的生活就像上足了弦的陀螺,高速运转着。

赵老师每天早上7点开始带学生上早自习,下午5点正课结束了,还要再上至少两个小时的晚自习。除了上课,他经常利用业余时间给成绩不好的学生"开小灶"。但学生和家长并不领情,成绩没长进不说,竟然还向学校告状,说他占用了学生的休息时间。赵老师感到很委屈。

赵老师是一位优秀的教师,他并没有敷衍,没有应付,而是满腔热情地投入工作。他没有仅仅为生存而工作。他是需要仅仅拥有生存式激情的教师所不及的!

现实中常听有人说,教师不就是上那么几节课,每年还有两个大假期,多么清闲啊! 其实,这恰恰是他们对老师工作的不理解,他们不懂得几节课的背后需要超出几节课乃至几倍的精力，需要超出那几节课几倍的时间批改作业，需要超出那几节课几倍的时间研究学生，教师手上的工作可以停止，但教师心上的工作是没有时间限制的。这决不仅仅是"生存"两个字就能概括的。

在学校，教学成绩排队，职称评聘竞争激烈，日趋复杂的师生关系、教师与家长关系、工作强度不断增大等，无一不让我们的教师身心疲惫。这就是在应试的体制之下，学校为了生存而采取的措施。这样就把学校的生存式激情，转移到了教师的身上，变成了教师的生存式的激情。

农村中小学，教师工资待遇偏低、住房条件较差、医疗无保障等状况在有些地方并没有得到有效改善，以致教师群体的自尊心受到影响，自信心降低，工作热情下降。农村教师的生存状况不佳，造成了生存式激情的产生。

工作的单调与烦琐，等工作熟练了，激情也就随之消退。教师每天面对的是学生，甚至是不读书、贪玩、打架、谈恋爱、深夜翻墙上网吧、养成很多坏习惯、没有礼仪的学生。一支粉笔一个备课本，一间档次较低的住室，构成了他工作生活内容的全部。长年累月就做这样的工作，没有升迁，没有光环，有的是精神的痛苦，有的是做不完的事。于是，教师厌倦这青灯书卷，厌倦这单调与烦琐。

把自己的职业看成是无可奈何的一种选择。这一类教师从感情上提不起对教师职业的兴趣。虽然也是在忙忙碌碌地工作，但他仅仅是在履行职责。对于他们来说，教师这一职业始终是一种"异己的存在"，他们是在为别人工作，他们所做的一切都是为了工资而做的"交换"，他们无法融入自己所从事的工作之中，他们不是以学校主人的身份出现在校园里，也不是以学生朋友的形象出现在课堂中，而更像一个"临时工"，以一种短期的姿态在学校工作。他们所关注的不是教育的改革、学生的进步，而是自己的待遇和更好的发展机会。因而，他们甚至觉得每天的工作都是一种痛苦的煎熬。在繁重的教学任务和激烈的竞争压力面前，他的全部感受只有一个字："烦"，不仅"烦忙"，而且"烦神"，不仅"操劳"，而且"操心"。

"人生苦海何处是岸？"、"寻寻觅觅，冷冷清清，凄凄惨惨戚戚，三杯两盏淡酒，怎敌他晚来风急！守着窗儿，独自怎生得黑"。无聊与苦闷弥漫着他们的心境，无奈充斥着他们的心灵，"阴性心情"始终伴随。于是，有的便做一天和尚撞一天钟，敷衍了事，有的牢骚满腹，抱怨自怜，阴沉着脸，板着面孔，动不动就拿学生撒气。这样的教师，对教育缺少起码的热情和积极的态度，他们能去潜心钻研教材，研究学生吗？他们怎能感受到职业生活的丰富内容和美好意蕴呢？

热情和兴趣的丧失，情感的疏离和冷漠，这本身就是被生活所逼才为师的表现。显然，如果我们始终处于上述生存状态的话，职业倦怠就不可避免。应该说，这样的人生一辈子，仅仅是活着而已，是非常痛苦而可怜的，是非常凄惨而悲哀的，是没有幸福而言的。作为有知识、有文化、有理想，头脑清醒的人，都是想追求幸福，希望过上幸福生活的。作为有激情的教师，我们应该积极地去追求幸福的教育生活。

2. 有效防止递减的激情

递减是依次减退、慢慢减少的意思。递减的激情就是慢慢减少的激情,刚开始是壮怀激烈,雄心万丈,后来慢慢变得风平浪静,一切随缘,最后心静如水。教师的递减式激情就是一种随着时间推移而减退的激情。这是一种无形的、危害很大的激情,慢慢腐蚀着教师的上进心,蚕食着教师心中那一方明亮的天空。

原规则之十六:激情递减是一种远离幸福的心态,递加才是一种逼近幸福的心绪。

一棵苹果树,终于结果了。第一年,它结了 10 个苹果,9 个被拿走,自己得到 1 个。对此,苹果树愤愤不平,于是自断经脉,拒绝成长。第二年,它结了 5 个苹果,4 个被拿走,自己得到 1 个。"哈哈,去年我得到了 10%,今年得到 20%!翻了一番。"这棵苹果树心理平衡了。但是,它还可以这样:继续成长。譬如,第二年,它结了 100 个果子,被拿走 90 个,自己得到 10 个。很可能,它被拿走 99 个,自己得到 1 个。但没关系,它还可以继续成长,第三年结 1000 个果子……其实,得到多少果子不是最重要的。最重要的是,苹果树在成长!等苹果树长成参天大树的时候,那些曾阻碍它成长的力量都会微弱到可以忽略。真的,不要太在乎果子,成长是最重要的。

苹果的想法可谓幼稚,为了怕别人摘取就拒绝结果,有些教师也有这样的想法,递减的激情怕的就是更多的付出,付出之后却又暂时得不到应有的回报。激情递减是一种远离幸福的心态,递加才是一种逼近幸福的心绪。

每个刚刚走上讲台的教师都曾经有过一番壮志宏图。有的想通过自己的努力成为学校的领导,有的想通过自己的拼搏成为一代名师,但随着时间的推移,岁月的流逝,工作的打磨,许多人的棱角光滑了,雄心没有了,壮志消失了,更多的是对事业前途失去了信心,在平淡之中无奈地工作着。因为他们发现现实和自己的教育之梦距离太远了,必须在残酷的教育现实的怪圈中旋转,否则就会遭受领导的批评,家长的指责。于是,只好收起自己那一套教育的乌托邦,回到可怜的现实中,教育的激情递减了,为了生存而麻木、机械地重复前人的劳碌,这是很多教师都曾经有过的心理轨迹。

➡ 案例2-5

一处工地上有三个青年人,他们搬砖砌墙,都干着瓦工的工作。一位记者走过来问了一句:"你们在做什么?"

甲不假思索地说:"我在砌墙。"

乙认认真真地说:"我在盖高楼大厦。"

丙想了想郑重地说:"我在建设美丽的城市。"

记者本是随便地无心地问,可被问者的态度和回答的内容却截然不同。记者觉得很有趣,就问清了他们各自的姓名,并把此事记在本子上。

不知不觉中五年过去了,记者费了一些周折,但还是找到了那三个人。然而,三个人的情形却今非昔比:甲还是瓦工,仍然在砌墙;乙已经成为建筑师,坐在办公室里画着他的图纸;而丙呢,居然成了甲乙二人的老板——国内外闻名的一家大建筑公司的总裁。三个青年曾同处在建筑工地——砌墙的位置上,但因他们的观念不同、所追求的目标不同,其价值体现也就出现了差异。这说明位置不能左右价值。

这三个人，面对同样性质的一份工作，由于心态不同，三个人的人生轨迹就不相同，结局也大不相同。

作为教师，我们应该明确：我们不只是在完成工作，也不只是在教育孩子，我们更是在创造着未来；我们要看到我们工作的重要性，以一个良好的心态积极地面对工作，做好自己能做的事。

第一个人为建一堵墙而工作，砌墙的价值局限在一堵墙，他在砌墙中焕发的内部力量就很有限；第二个人为建一座高楼而工作，他把自己的工作看做建设一座楼的一部分，砌墙的价值扩展到一座楼，他在砌墙中焕发的内部力量就比较大，工作态度也要好许多；第三个人为建一个新城市而工作，他把自己的工作看做建设一座城市的一部分，砌墙的价值扩展到一个城市，他在砌墙中焕发的内部力量就更大更多，工作态度也就更积极。一个人把工作的价值看得越高，由此激发的动机就越强，在工作中焕发的内部力量就越大，由此我们不难理解，一样的砌墙工作为什么会有不一样的前途。

这个道理同样适用于教师：

第一种教师，是以谋生为目的。这种教师视教书为谋生的手段，是一种赚钱的、用以养家糊口的职业。

第二种教师，以自傲为动力。这种教师往往是知识渊博，功底深厚，他们追求的是发现自我、证明自我，从中感到满足。他们心中所拥有的，仅仅是自己，或者与自己有关的诸如职称、职务之类的东西。

第一和第二两种教师，就像砌墙案例中的第一个人，他们把自己工作的价值看得较低，没有理解自己的工作崇高的社会意义，他们中的大多数可能永远只能做着"教书匠"的工作，最终也只能成为标准的教书匠。

　　第三种教师，以教育为己任。他们以为国家育人的责任感来教书，他们在教书育人的过程中，就很注意用个人的人格力量去感染人，引导人。他们不仅向学生传授知识，更重要的是试图告诉学生怎样做人，他们往往有强烈的使命感，认识到自己从事的工作关系到一个民族、一个国家的兴亡。他们当中的很多人，对自己的工作孜孜不倦地追求，有的还成为名教师，乃至教育家，他们以一种养育自己孩子的心态去教育学生。在工作中，他们不管经受什么样的挫折和磨难，总能够不断地坚守。他们往往淡泊名利，求真务实，能够认识到自己从事的工作是为了人类的明天，他们是当之无愧的人类灵魂的工程师。苏霍姆林斯基、陶行知、斯霞……就是这类教师中的佼佼者。

　　把这三种教师类型倒过来，其实就是递减式激情老师的三种表现形式，开始时以爱为己任，激情四射，后来以教育为己任，充满激情，再后来以自我为动力，激情减退。

　　递减的激情，是教师教育工作的大敌，也是教育事业的大敌。坦然面对生活，淡然面对挫折，是最有效的良药。

　　“三天打鱼，两天晒网”，也就是递减的激情。为什么产生这种现象？一个很重要的原因就是，兴趣的转移。为了防止教师教育激情的递减，教师就必须对自己的工作保持一种长期而稳定的兴趣，享受到自己对工作的乐趣。绝对不能三心二意，这山看着那山高，这行看着那行好，总认为自己“上错花轿入错行”。

　　其实，如果我们把自己的精力都投入在工作之中，哪还有剩余的精力去关注那些工作之外的事情？总觉得自己每天都有做不完的事情，也就无暇去顾及了，激情的递减也就不可能了。

第三节　拥有激情拥有事业

　　每个人都会有一个梦想，都渴望成功，都想拥有一份美好的事业。印度大诗人泰戈尔说过："花的事业是甜蜜的，果的事业是珍贵的，让我干叶的事业吧，因为叶总是谦逊地垂着她的绿阴的。"教师的劳动是平凡的，但其中却又孕育着伟大。教书育人工作既可以是一份职业，又可以是一种事业。职业是人们用以谋生的一项工作，是一种谋生的方式；事业则是一个人的精神的寄托，是他一生执著地为之献身的目标和追求目标的活动。职业使人安身之命（命运），而事业使人安心立命（使命）。职业使人能够生活，而事业能够使人生活得有意义。真正的教育是发自内心的、充满激情的，是享受着工作的乐趣和幸福感的。这种乐趣和幸福感是职业道德的源泉，是教师工作的内在动力，同时也是教师善待学生的根本支撑。

　　实际生活中，面对自己的职业，不同的人有不同的态度。一些人在疲于奔命，一些人则在应付差事，在这样的状态下，很难想象如何去投入工作，如何去不懈进取，如何能不辞辛苦，如何会最大限度地发挥创造力。缺乏"喜"和"爱"的情感，从现实层面的表现来说就是不敬业，从精神和心灵的层面来说则是感觉空虚，没有寄托，得过且过混日子。这无论对于个人还是事业的发展都是消极无益的。设想一下，如果一个老师对教育工作感到很乏味，日复一日地机械性地操作，这样一天两天可以，天长日久怎能受得了？更严重的是，乏味的劳作很容易导致职业的倦怠和心灵的枯竭,在这种状态下,教育工作与其说是培养人才,倒不如说是摧残人才! 教育本来是使人幸福的事业,应该让人充满幸福感。

有了幸福感,教师才能享受事业,享受生命。同时才能让学生享受学习,享受生命。我们稍微看一下那些做出成绩的老师,他们最突出的特点是干工作的那种有滋有味的幸福感,只要一听到上课铃声,他们就精神振奋,所有的疲劳都不翼而飞;只要一走上讲台,他们就激情荡漾,浑身都洋溢着蓬勃的生气。只有在教室里,在学生身边,他们才能找到自己存在的位置。他们似乎天生就是当教师的"料",放假就是他们最大的"不快"。如果老师能进入这种状态的话,那他的一生都是幸福的。工作将成为他们生命的有机构成部分,舍不掉,离不开,工作带来的是一种心灵的踏实和满足。有理智的教师是匠人,有激情的教师才是大师。理智的教师可以准确地表达每一个知识要点,而迸发出激情的教师却可以传授知识之外的灵性,可以点拨人生智慧和唤醒心灵。激情的教师在课堂教学的时候,会忘掉必须达成的教学目标,他们无是与非的选择,他们忘却了善与恶的纷扰,他们就是纯然的如是,他们达到了主观与客观的高度融合——那正是真善美在我们这个世界上的惊鸿一现! 所以,也许该用理智引导激情的翅翼,给它指明方向,让它们舞出和谐一致的旋律,那才是美的极致!

1. 教育是职业的现实又是事业与理想

陶行知曾经对教师职业特征做过这样的分析:"教育者应当知道教育是无名无礼且没有尊荣的事。教育者所得的机会,纯系服务的机会，贡献的机会，而无丝毫名利尊荣可言。"总之，在教师的岗位上，没有令人羡慕的地位和权力，没有显赫一时的声名和财富，也没有悠闲自在的舒适和安逸。因此，当教师就要努力排除追名逐利、拈轻怕重的市井心理的干扰，以平平常常的心态，高高兴兴的心情，去干实实在在的事情。理想的教师，应该是一个胸怀理想、充满激情和诗意的教师，可现实中安于现状、得过且过的教师较多；理想的教师，应该是一个自信、自强、不断挑战自我、追求卓越的教师，可现实中心怀远大志向、追求卓越的又有多少，半途而废的却较多；理想的教师，应该是善于合作、具有人格魅力的教师，可现实中为了利益、岗位、地位而自私的也不少；理想的教师，应该是一个充满爱心、受学生尊敬、富有创新精神的教师，可现实中老师不被理解、不被尊敬却被告上法庭的屡屡不断；理想的教师，应该是一个勤于学习、不断充实自我的教师，可现实中懒惰、敷衍的并不少见；理想的教师，应该是关注人类命运、具有社会责任感的教师，可现实中着眼学生未来，着眼学生良好人格教育的又有几个？理想的教师，应该是一个坚韧、刚强、不向挫折弯腰的教师，可现实环境能燃起教师多大的理想火焰？

原规则之十七：寻找理想，立足现实，在自己的实践中向理想迈进。

随着生命年轮一圈一圈地增长，我们也一天一天地变老，但是，作为教师，请你千万别让自己的心态先变老啊！如何知道自己的心态是否变老了呢？回答以下几个问题，就知道了。

你是否已经觉得"上课就那么回事，对所有问题都是轻描淡写例行公事"？

你是否在学生来问你问题的时候，你都是以一句"这点小事也来烦我"，而把满含委屈、前来求助的学生打发走？

你是否觉得自己已经完全丧失了热情与活力？当你踏进校园的时候，你觉得孩子们礼貌清脆的问好，都已经无法舒展你紧锁的双眉。

如果真的是这样，那么教师，我想提醒你一句：你真的是"老"了。即便你还很年轻，但你的心态已经老了；即便你自认为拥有年轻的心态，但此刻的你一定染上了不少教师染过或正感染着的"职业倦怠症"。患"职业倦怠症"最主要的原因不是教师身上的压力大而是自身的免疫力弱。

是多年的教育磨平了老师的棱角；

是岁月的无奈造就了老师的懦弱；

是生活的平静导致了老师的倦怠；

是定式的思维束缚了老师的进步；

是太多的不公养成了老师的中庸；

但我坚信，每个老师心中都有一种声音：

我——不——甘——心！

释放十万分激情，那燃烧的火苗，

不在你的心底，而是在你的脚下……

苏联教育家苏霍姆林斯基一生记录了 3700 多位孩子的成长过程，写下了 4000 多篇文章，他从一名小学教师成长为教育家，使教育充满了理性的美感，一位青年教师一直被这位老人的思想魅力、人格魅力所折服。她希望自己做一位追随者，思考者，关怀者，引领者……

厚实专业素养，提升专业精神，升华教学技艺，在平凡的岗位上，在平淡的生活里享受教师职业的欢乐与尊严，丰富教师职业的生命内涵与价值……成为一名优秀的好老师是她的梦想。

太过于现实了，激情自然容易消退。拥有理想的教师，才不至于太在乎现实。那位青年教师，心中有理想，有激情，也就有了梦想。

教师的激情来自于对教育理想的追求。理想，是人的精神支撑，是人的前进动力；心中没有理想，人就会变得精神萎靡。事业上不成功的教师往往缺乏教育理想，对教育没有更高的追求。而教师一旦有了教育理想的风帆，就会把整个身心投入到教育教学的航程中去，始终以"不达目的，绝不罢休"的思想驱使自己扬帆远航。每一个目标的实现，都会激发教师倾注更大的热情，追求更高的理想。像苏霍姆林斯基一样，躬耕于教育，有着远大的理想，有着自己的智慧，有着自己的思考，最终才成就了自己。

激情犹如树影间舞蹈的阳光，灵动而迷人。激情犹如火种，缺少了它，就无法燃起兴趣盎然的火焰。激情来自于伟大的梦想。人，因梦想而伟大。梦想牵引着目标，梦想让人心潮澎湃，激情涌动。现实生活中很多美丽的结局都源于梦想。一个优秀的教师一定是富有激情的，一个有激情的教师一定会有一个清晰的目标，并且能朝着目标不断实践，让一个目标的实现唤起冲击下一个目标的激情，不断追逐着梦想，不断超越着自己，最后梦想成真。激情来自于心灵的爆发力。理想的教师应当把现实中的讲台当做人生的舞台，与学生一起去寻找演出的感觉，始终保持演员上台前的激情，点燃每个学生的希望。

教育需要用激情唤醒激情。激情是教师积极向上的精神状态，促使教师全身心投入。教师只有把现实中的每一天都当做全新的开始，才可能满怀激情地永远憧憬明天。生活同样需要激情，否则日子便只会是简单的重复，但生活的激情还是来自于现实的生活，远离了生活的激情是缥渺的，是空洞的。

所以说，教师的激情，既源于生活，又高于生活。既源自现实，又高于现实。

一个理想的教师，就是一个天生不安分、会做梦的智者。他每一天的生命都是新的，每一天的生活内涵和主题都不一样。只有具有强烈的冲动、愿望、使命感、责任感，教师才会找到问题，才能提出问题，才能写下激昂向上的教育诗篇。我们应该牢记蔡元培先生所说的："教育者，非为已往，非为现在，而专为将来"，现实又理想。

➡ 案例2-6

作为一名高一的语文教师，李老师的执教时间不长，但是他不知道对于所谓的教学工作是不是还保持着热情，或者，它仅仅是工作而已。不过，这样一份工作所带来的失落感和矛盾心理，却是他执教之初完全没有预料到的。李老师依然清楚记得，毕业总结的最后一句话是这么写的：我将毫无保留地贡献自己的青春和汗水，让自己无愧于教师这份天底下最崇高的职业。他也还记得，当年班里那位十分有灵气的才女，她说：我希望自己的学生觉得被我带领着是幸福的。他一直坚信自己当初的文字是真诚的，也相信那位女同学的话是出自肺腑的。但是，理想与现实往往总是矛盾的。他常常不自觉地羡慕学生，那些年少的朝气蓬勃的笑脸，那些前程锦绣的灿烂年华；也一直希望自己能陪伴他们、带领他们。但是，这些处于叛逆期的活宝永远会作出伤害别人的举动，永远不会考虑自己的行为会造成什么后果。曾经有学生当面将他改好的作文揉成一团扔进纸篓；也有学生在被他点名回答问题的时候故意嬉笑着说"我不会，你能拿我怎么办"；他无法置之不理，说过了，管过了，找过家长了；是的，有些学生觉得自己错了也改过了，而有的……在被某个女家长指着鼻子问候祖宗八代的时候，他问自己：这份工作还是不是人干的，我到底还有做人的尊严吗？

年轻的李老师，满怀希望走上讲台，可现实却让他碰了壁。于是，他迷惑，他彷徨。当年的激情到哪里去了？挫折面前，还能激情四溢？这不仅仅是对李老师的拷问，也是对很多一线教师的心灵发问。

理想总是美好的，现实既有美好的一面，也有丑陋的一面。理想与现实的这种差别，必然引起理想与现实的对立和冲突。如果两者之间的矛盾冲突超过了人的心理承受能力，就会产生怀疑自己的力量，让理想发生动摇，乃至陷入苦闷和彷徨的境地。是恪守理想，特立独行，还是"适应"现实，让"理想"在"现实"中渐渐销蚀？是坚守个性，做一个率性的自己，还是在"生存"面前，放弃个性？我们应该认真做出选择。很多教师，在他们的教育生涯中有过挫折也有过彷徨，好在他们对教育的激情还在，他们也许在矛盾与思考中痛苦着，但最终会快乐着。

面对教师的职业倦怠，苏霍姆林斯基开出的良方是：乐观。他说："儿童身上没有任何东西是需要教师严酷对待的。如果儿童的心灵中出现了毛病，那么这邪恶首先要靠善良来驱走。"他还说："多年来学校工作经历使我坚信，如果我关怀儿童，培养他们的这种态度，他们就爱惜我的心和我的神经,在我心情沉重甚至很难说话时能理解我。孩子们觉察到我的情绪,感觉到我心情的沉重,他们甚至说话也轻声轻气,避免吵闹,力图使我的课堂和课间休息时都能尽量得到安宁。我亲爱的同行,这种心连心的感觉,善于看到别人的内心,就是使你保持健康的永不枯竭的源泉。"无论是教学还是带班,看似枯燥乏味,实则充满着欢乐和幸福。要化平淡为神奇,就在于用心去感悟每一天。当学生在人生探索之路上愁眉紧锁时,你可以站在孩子的角度想一想,找到最佳办法后,帮他解除烦恼,走出困境。"送人玫瑰,手留余香"的美好境界,定会让你心潮难平。

李镇西老师在《走进心灵》一书中说过这样的话:"对社会而言,教育也许不是万能的;但对学生而言,没有教育是万万不能的。"如何对学生进行有效的教育,这是需要激情的。教师本人就应该是充满激情的生命个体,是牢牢立足于生活之上的理想主义的播种人,有了这样的心态,有了这样的激情,还愁理想不能实现吗?

教师的激情,太现实,则容易消退;太理想,则容易空洞。而既现实又理想的激情,才是我们所需要的。而这个度又是难以把握的,需要每一位教师在自己的实践中去准确把握。

2. 智者永远拥有理智型的激情

教师的职业天生就是反思性职业,没有反思,正如战士上战场没有带枪一样危险。教师每天的行为含有较多探索的成分。探索过程中的反思,既是探索本身的含义,也是工作的需要。尤其在今天,反思已经成为世界性的潮流。

反思,即反省,即反过来省察自己,看看自己所走过的路,走得是正还是歪,步子迈得是大还是小,以及是否有必要改进等等。反思,是教师提升自己,走好人生之路所必须。反思型的激情,也为教师职业所不可或缺。

原规则之十八:激情是船,反思是帆,不断反思,激情的船才能航行得更远。

教师要带着对教育的激情,善于从反思中找到自己的不足,从反思中发现自己的优长,找到适合自己的教育教学方法,找到适合自己的成长道路。感受教育的幸福,激发自己的工作热情,提升自己的教育理想。美国学者波斯纳经过多年对教师成长的研究得出一个公式,就是:教师的成长 = 经验 + 反思。其实,人的成长就是不断反思自己,不断认识自己,不断提高自己的过程。一个人做事感情愈投入,便愈有发现,愈有发现就愈有快乐,反思就是一种寻找工作乐趣的方式。反思,可以让我们沉静下来,不再被一天的繁杂琐事而困扰;反思,可以让浮躁的心获得一泓滋养的甘泉;反思,可以让我们发现不足,渴求新知;反思,可以让我们从平凡的小事中发现不平凡的东西;反思,可以让我们从看似机械的重复中感受激情和幸福。反思会使我们感动温馨,对学生富有感情,使自己品尝到快乐和幸福。

进入康杰初中,黄老师一共讲了三堂公开课,在他讲完第一堂公开课后,领导的评价是:课堂设计较好,教师缺乏激情,课堂气氛不太活跃。他静静地反思了一下自己,深深地认识到,上一堂成功的课,除了精心的课堂设计之外,更重要的是教师的激情与投入。只有教师激情高涨,神采飞扬,才能感染学生,才能最大限度地刺激学生的脑细胞,使他们完全投入到教学内容中,愉快地接受知识,收到事半功倍的课堂效果。在后两次的公开课上,黄老师就调整了自己,让自己充满自信,充满激情,使自己完全投入到课堂教学中。此时,学生受到教师的感染,个个激情高涨,举手率达百分之百。学生超常发挥,整个课堂轰轰烈烈,气氛活跃,取得了意想不到的效果。下课后,黄老师异常激动,久久不能平静。这堂课,让他真正体会到了教师的激情是一堂课的关键。在之后的教学中,他同样用自己的激情感染着学生,争取取得每一堂课的成功。感谢康杰初中,感谢公开课,让他找回了初登讲台时的那种激情,让他的每一堂课都充满活力。

黄老师的成功,取决于自己的不断反思。在他第一次公开课失败之后,他勇于面对现实,深刻反思,并在反思中不断总结经验,吸取教训,从而取得了很大的进步。

教师的激情来源于教学反思。要做到这一点,就得让读书成为我们生活的必需。因为只有认真地多读书,凡是才有标准,才有深度,才有宽度。读书,是一种学习;与身边的教师交流,对话,则既是一种学习,也是一种反思。通过交流与对话,可以发现自己的与他人的优长与不足,以促进自己不断地再学习,再读书。这样的反思,可能没有反思之名,却有反思之实。校本教研中的自我反思、同伴互助,专业引领,每一种形式,都含有反思或者帮助反思的内蕴。

激情源自于教师对知识的切身感悟和对受教育者的真挚情感。激情中蕴含着教师的教育理想。激情意味着创造,激情在于感化,教师要用饱满的激情投身教育事业,让课堂上的每一秒钟都充满激情,以感染每一个学生，使之成为学生学习的巨大动力。只有用激情演绎教育，教师才能演绎自己精彩的人生。教师通过情趣盎然的表述、富有感染的煽情、入木三分的概括、恰到好处的点拨，就能把学生带进瑰丽的知识殿堂，以开启心智，陶冶情操，获得精神上的满足，产生学习的推动力。教师拥有了这样的激情，就能在激情的触动下，对知识的切身感悟和对受教育者的真挚情感作出自己的反思，以保证教师的教育激情激发出学生的学习和成长激情。

2002 年 6 月 26 日，朱永新教授在"教育在线"网上发表了《朱永新成功保险公司开业启事》，投保条件为："每日三省自身，写千字文一篇。一天所见、所闻、所感、所思，皆可入文。十年后持 3650 篇千字文（计 360 万字）来本公司。"理赔办法为："如投保方自感十年后未能跻身成功者之列，本公司愿以一赔百，即现投万元者可成百万富翁或富婆。"这是我所看到的最具特色的"保险公司"，它在相信人的巨大潜力的同时，又内含了"持之以恒，十年不止"这样一个必备的条件。两者的结合，才能到达真正的彼岸。

江苏盐城数学老师张向阳是朱永新保险公司的最早投保者。心存困惑的他，于 2002 年 8 月份向朱教授求教。朱教授送给他六个字："读书、上网、写作。"张老师心领神会，每天笔耕不辍，此前从未发表过任何作品的他，仅在 6 个月的时间内，就在"教育在线"上发表了数十万字的作品，并在《人民教育》等报刊发表了 50 多篇文章，他在 200 多个夜晚里写出了 30 万字的教育日记。

江苏吴江市第一小学费建妹老师曾因打扑克而在当地小有名气。2003 年投保于朱永新成功保险公司，开始尝试写点东西。渐渐地，她对写作发生了兴趣，与扑克牌进行了永久式的告别。四个月时间，发表了十多篇文章，因文章富有激情，所以被人称之为"激情费小妹"。这激情是潜能开发之后的自然迸射，是获取自信之后的精神收获。

以上两位教师，都有着对教育的激情，能够在这种激情的作用下，拿起自己手中之笔，反思自己的实践，并形成文字，可谓一举多得。他们既总结了自己的经验，又提升了自己的素养；既为自己未来积累了大量的反思资料，又为他人奉献了智慧。这就是反思型的激情造就了他们。当然，在今天这个开放的大时代，不仅仅只有张向阳、费建妹两人，在全国，还有很多的"张向阳"、"费建妹"，他们都通过网络这个平台，用自己的智慧，用自己的文字，在与他人的交流与互动中，反思自己，提升自己。

教师的激情，来自于学习反思的熏陶。读书能让我们拥有更宽广敏锐的心灵，让我们时常感动，饱含进取的激情。只要常读书，生命就在，激情就在。只要我们在学习提高的基础上进行反思，就能进一步激发我们的情感。"感人心者，莫先乎情。"我们可以经常问问自己：面对压力，我还有工作热情吗？我的课堂是否是一条涌动的河？我的人生有执著的追求吗？通过反思，来调整好自己的心态，促使自己以真挚、强烈的情感走进学生的心灵，时时将自己置于生命的原野，用真情去催发生命，为生命中的平凡而欢欣鼓动，用教师的率真、坦诚、热情去感染学生、打动学生。

教师的激情来自于享受成功的乐趣。心理学研究表明：一个人只要体验过一次成功的喜悦，就会激发他一百次成功的欲望。教师在工作中也是如此。面对所取得的成就谁不想再次获得？许多青年教师的成长经历证明：只有读书、思考、写作才是教师专业成长的必由之路。读书，可以使教师的精神不再贫乏，生命不再贫弱，人生不再孤独；思考，可以使教师的精神不再空虚，生命不再苍白，人生不再无奈；写作，可以使教师的精神更加专注，生命更有意义，人生更充满希望。其实，读书、思考与写作三者都不同程度地内含着反思的因素，只是我们长期致力于实践，没有静心去省察罢了。

不过，为什么要反思？反思什么？如何反思？反思的契机在哪里？还是有不少教师不太明白。在教育教学岗位上，每天默默耕耘的教师不少，但真正肯花心思去琢磨教育规律并把自己的实践与思考记录下来的人并不多。在教育教学中，虽然我们时常会迸发教育教学思想的火花，但常常因为捕捉不及时而成为过眼烟云，等到想要记录时，却已经失去了当时的激情与情趣，于是，他们常常以种种理由或借口让自己"偷偷懒"。我们常常看到这样的情况：有的教师只顾低着头"实践"，马不停蹄地"耕作"，却没能让自己静下来琢磨行为背后的理念是否正确，行为是否得当。这些教师尽管辛苦耕耘一辈子，却没有取得多大成就。

在这里，我们还得提醒大家的是：当反思仅仅作为反思时，将无法触及自己的思想，无法洗涤自己的灵魂，其缺点就永远存在，别人的长处无法学习和吸收。如果我们能深刻反思自己的思想，触及自己的灵魂，对自己进行重新认识、重新包装，这样的反思，才是真正意义上的反思，也才是有意义的反思。这样的反思需要激情，需要能力。没有激情面对自己错误的思想和不健康的灵魂，再有能力也是徒劳；而仅仅有激情，没有反思的能力，这样反思肯定是肤浅的，是表面现象，这种反思可能适得其反。我们应该把反思作为继续前进的动力,这就需要我们对反思进行全面深刻的认识。

一个善于反思的教师,头脑可以更加清醒,可以吸收更多的有利于提高自身教育教学水平的营养,使自己在工作中少走许多弯路。如果在学习提高的基础上进行反思,则更有利于进一步激发自己的情感。

第四节 幸福人生与激情理性燃烧

每一位教育工作者都非常清楚这样一个道理:就教育事业而言,教师只有用自己旺盛的生命之火,才能点燃学生那旺盛的生命之火;教师只有以自己充沛的生命激情,才可能唤醒学生那充沛的生命激情;教师只有以自己远大的生命理想,才可能培植出学生那远大而辉煌的生命理想!

今天,社会发展迅猛,需要更多充满激情与智慧双全的教师来真正加入到教书育人的行列中来。这样的教师,他们在教书的过程中,更注重用个人的人格力量去改造人。他们不仅向学生传授知识,更重要的是告诉学生怎样做人,他们常常以能影响、改变学生的生活轨迹为乐趣。就像一个武艺高强的师傅传授武功给徒弟一样,他之所以要这样做,是因为他们知道自己掌握了极具价值的东西,他想让这些东西流传下去。这份爱产生的巨大能量自然会转化为蓬勃的激情,这份激情又必将给事业注入强大的生命力。我们的教育太需要这份激情了。

试想想，老师平淡无奇，甚至老绷着一张脸来传道授业，毫无激情，他们能给予学生什么呢？同在一个工作环境中，论知识、能力和水平，教师与教师之间的差异并不大，但经过一段时间后，有的脱颖而出，取得了令人羡慕的成绩，而有的教师仍然表现一般，没有多大进步，为什么呢？答案自然在于教师对工作是否有激情。没有激情，教师精神不振，语言平淡，教学平庸，思想禁锢。而激情满怀的教师，则精神振奋，一路奋斗，不断创造。

近年来，随着工作负担和工作压力的不断加大，不少教师在工作中感到困惑迷茫，逐渐产生了职业的倦怠，他们仅仅把工作当成机械重复的劳动，缺乏激情，毫无动力和进取心可言。不少教师常有此感叹："唉，干了一辈子教师，最后得到什么呢？一头白发两袖清风而已。""干教师这一行，既能培养人才，又能埋没人才，培养了学生，埋没了自己啊！"作为一名教师，要想在教育工作中不断取得成绩，实现自己的理想，就必须做一名有激情的教师。那么，教师的激情从哪里来呢？

1. 为成就天下而来

有这么一副对联："为师为人为天下，育知育德育乾坤。"上联的意思是：作为教师，应既教书又育人，在学做教师的同时，也要学做人。因为教师是起着表率作用的，教师的存在不仅是知识的传承，一定程度上也影响了天下人的思想品性；下联则是说，教师的职责，知识教育，品德教育，这些东西融汇起来，就可以渗透影响到社会的各个层面,即所谓育乾坤。

为成就天下,就是教师的一种超越。超越教师所在的学校,超越教师所在的社区,超越教师所在县、市、省,影响达至全国乃至天下。为成就天下者,必是德艺双馨之人,必是德高望重之人。中国古人向来都有"天、地、君、亲、师"之说。这里的所谓"师",不仅仅是指影响局限于一所学校之内的教师,实际所指,其实就是那些学识渊博、品德高尚,让天下人都高山仰止的大师。

为成就天下之师,必是激情澎湃之人,必是学问渊博、心胸阔还之人。一般地说,仅仅为生存而为师者,与此无缘;学识一般者,与此无缘;目光短浅者,更与此无缘。

原规则之十九:宽广的胸怀与蓬勃的激情,方可成就天下之师。

课堂,是教师生命的起点,也是教师施展才华,喷发激情的场所。一位成就天下之师,其课堂必然激情蓬勃。

一位小学语文教师请学生用"尾巴"一词口头造句。一个学生站起来贸然说道:"人是有尾巴的!"他的话音刚落,全班学生和听课的教师全都笑了起来。不料,这位教师却亲切地说:"你能积极发言,很好。你造的句子从语法上讲没问题,然而从科学上讲,笼统地说人是有尾巴的,不够妥当,因为,现代人没有尾巴。如果改成'人类最早的祖先是有尾巴的'就好了。"讲到这里,学生们和听课的教师顿时活跃起来,显出满意的神情,而这位教师似乎意犹未尽,又继续发挥道:"不过,说'人是有尾巴的',也不能完全算错,我们平时不是讲'他有了点成绩就翘尾巴'这样的话吗?大家可以想一想:这里的'尾巴'和我们说的'人类最早的祖先是有尾巴'的'尾巴'是不是一个意思?"接着,课堂气氛更趋活跃。

学生的一个疏忽和失误,引来这位教师如此精彩的即兴发挥,将这堂课推向了一个高潮。面对课堂上的"阴错阳差"、"节外生枝"、"灵光一闪",我们不能视而不见,而需要教师智慧的引领,使师生激情燃烧,个性彰显,智慧喷薄,让课堂教学在动态生成中得到完善,走向大气。

天下之师,是大度的,能容下学生的天真,学生的疏漏,甚至是失误。天下之师,也是生命的智者,他们凭着自己的聪明机智,化"腐朽"为神奇,将其转化成为课堂教学的资源,将课堂变成了生命对话的场所。

一名富有激情的教师还应该是一个不断追求卓越,富有创新精神的人,应该是教育的有心人。一个人之所以成功,很大程度上是因为他是个有心人。教师的成功,不在于他教了多少年书,而在于他用心教了多少年。有些人,教了一年,然后重复五年十年乃至一辈子;有些人,实实在在地教了五年。一个实实在在教五年的人,与一个教了一年却重复了一辈子的人,肯定是不一样的。我们应该具备与时俱进的创新能力,不断追求探索创新的教学风格。

为成就天下之师,还应是个性鲜明的人。激情澎湃是他们的共性,教学的特色,则是他们的个性。在课堂上,宜讲则讲,宜唱则唱,宜读则读,宜跳则跳。自然、洒脱,毫不拘谨,毫不畏缩。我们只要回望一下教师队伍中那些闪耀的名字,心里就会明白:霍懋征、斯霞、于漪、魏书生……这一连串名字的背后,都写着"个性"、"特色"等字样,都有着一个大写的"人"字,一个大写的"师"字。激情铸就了他们,更是个性成就了他们。

"独具风骨竞风流",只有形成自己的风格、体系,才能真正成为名震一方的名师、大师,才能真正推动教育的百家争鸣,群芳怒放。窦桂梅,她无论是执教《绿叶》还是"超越生命的对话",都无不表现出对学生、对事业的激情。李吉林,无论和孩子还是和青年教师在一起,都同样表现出无限的热爱和激情。王崧舟,"激情飞扬"的课堂掀起了"诗意语文"的春风,播撒着"诗一样的激情"。

在一节语文课上,教师激情四射,妙语连珠,几乎征服了所有的听课者。显然他成了这节课最耀眼的"明星"。可她却偏偏忘记了:学生才是课堂的主角!而教师只是起引导,指点和促进作用!

当一个教师的激情是以自我表演,自我陶醉,自我展示为表现形式时,它就会抑制学生的思考空间,留给学生的自然就少了。因为此时教师的思维异常活跃,自己先沉浸在文本里了,甚至达到了忘我的境界,眼里还有学生吗?结果教师累得一身汗,学生却毫无收获。

为成就天下之师,更重要的是造就学生,造就一批批有为的学生,而不仅仅是教师自己,虽然教育应是双赢,但根本目的还在于学生的成长。所以,在一定程度上,我们甚至可以说,正是因为教师造就了有为的学生,才真正造就了自己。

"天地立心,为生民立命,为往圣继绝学,为万世开太平。"一直都是中国古代知识分子为之奋斗的宏伟目标。一些历代大儒,他们是站在历史的中轴线上,修身养性,博学明辨,苦苦追求,有的,就成了像孔子、孟子、朱熹那样的天下之师。

为成就天下之师，一定是在激情澎湃之时，有着超越的胸怀，明大道，有大志，有大识，孜孜不倦，不懈追求。

2. 教育家式的大爱型的激情

跨越，有两个含义：超越地区和时间的界限；超过，胜过。本书主要用的是第二种含义。此外，本书还指教师时间上的激情（特指教师的成长），迅速成就了自己，还指跨越了学科，在相邻学科中也得到了一定的发展。

如果说为师天下，侧重的是教师在激情的引导之下，其发展，其影响跨越了一定的区域，最终影响至全省、全国，乃至天下。那么，跨越型的激情，则是指教师在激情的驱使下，跨越了自己成长的个别环节，迅速成就了自己。这成就既可能是在本学科，本行业，也可能是相邻学科甚至相邻行业的；其影响既可能是眼前的、当代的，也可能是未来的，跨越时代的。

我们认为，教师职业不是让教师变得平庸的岗位，而是充满创造性和智慧挑战的职业，教师职业是可以让学生成长成才的职业，也是可以让教师自己有所作为、"成名成家"的职业。

原规则之二十：唯有不断地跨越，才能成为教育家式的教师。

翻开古今中外教育家的履历，发现他们大多数曾是普通教师，但他们却不是一般的教师，他们除了拥有爱心、责任感、扎实的学科知识和过硬的教育技能之外,他们还有一些突出于众人的特点:他们有超于世俗的高远追求,具有崇高的理想和敬业精神,对事业有着永无缺憾的钟爱,对自己钟爱的事业有着不遗余力的投入,以身相许,至死不渝,能够做到像陶行知先生所说的,对教育事业有着"捧着一颗心来,不带半根草去"的献身精神,有着"为一大事来,做一大事去"的雄心壮志,有着"创造出值得自己崇拜的人"的伟大胸怀。因而他们不去做"教书匠",而要做"教育家"。

当然,成为知名教育家的教师毕竟是少数,有了"成名成家"的意识也未必就能"成名成家",但你的工作会因此变得更主动、更积极、更投入,而主动、积极与投入,这绝对是通向成功之门的必要条件。有了"成名成家"的意识,你就有了抢抓机遇的准备,你的眼光会更敏锐,你的思维会更活跃,你的热情会更充沛,你能从寻常的教育教学活动中获得不寻常的发现,你会从社会的发展趋势中洞见教育发展的方向,你会在教育教学改革中抓住机遇迅速成为带头人。

当前,教育改革正在深入进行,素质教育观念正日渐深入人心,新课程改革带来了教育教学思想与教育教学方式的深刻变革,这对于每一个有"成名成家"意识的教师都绝对是一个良好的发展机遇。每一个教师都应该努力放弃一些消极的观念,满怀激情地跃入到教育改革的大潮之中,建功立业,为构建富有中国特色的基础教育体系添砖加瓦。

➡ 案例2-7

殷雪梅老师自知第一学历只是高中，底子薄，在后来的工作中，她时时注重学习提高，参加函授进修，文化素养得以提升。每逢学校里有教师开公开课，只要有空，她都会去听，并及时与上课的教师研讨，这样，大家提高都很快，殷雪梅老师成了全市小学低中年级语文教学的"高手"。

在原城东小学任教时，有一年，教导处安排殷雪梅老师改教五年级数学，这大大出乎她的意料，但她把担心误人子弟的心理压力化作挑战自我的精神动力，一学期下来，教学情况良好，一年下来，名列全乡前茅。

殷雪梅的妯娌刘素凤是中学教师，每次见到殷雪梅，把备课本和资料带回家，就打趣说："你也是老教师，怎么还这么认真？"殷雪梅老师听后认真地说："现在实行新课程改革，不学习不行啊，我还要和小青年们比一比呢！"

本来可以不参加多媒体操作学习的殷雪梅老师，果真和年轻教师一起学电脑、做课件，一点也不像已经过了50岁的人。

殷雪梅老师热爱生活，喜欢唱歌和舞蹈，她辅导的学生排演的文艺节目获全市中小学生艺术节一等奖，但她都把获得的荣誉让给其他年轻教师。

面对自己忠爱的教育事业，殷雪梅老师好学进取追求卓越，达到跨越式的激情。殷老师的成功来自辛勤而艰苦的工作，来自对教育事业的奉献，更重要的是，来自激情。她对教育事业拥有的激情值得我们称赞与学习。

教育,呼唤跨越式的激情来滋润。

激情的爱的激励作用是最大的。梁启超说:"天下最神圣的莫过于情感。""用情感来激发,好像磁力吸铁一般,有多大力量的磁,便能吸引多大分量的铁。"

➡ 案例2-8

王立华,1998 年参加工作,山东临沂八中一级教师,山东省优秀教师师德报告团成员,山东省 2006 年十大教育创新人物,《中国教育报》2006 年全国十大推动读书人物,山东省班主任培训专家组成员。对中小学班主任工作的基本问题有着深入的思考。出版著作 4 本,发表论文 100 多万字,已应邀为全国近 30 个省市区各种教师培训作报告近300 场。

十多年的时间,王立华老师抱着对教育的激情,演绎了精彩的教育人生。短短十年的时间,他为什么能够取得跨越式的发展? 这就与他的跨越式激情有关。

王老师是一位胸怀大志的教师,十年的时间,他埋头工作,埋头读书,努力思考,使自己成为在班主任工作领域里有影响的人物。

跨越式激情,成就了王老师的跨越式发展。

跨越式的激情,让许许多多富有激情的人们在自己的领域作出了巨大贡献,成为人们仿效的榜样。

孔子,这位春秋末期伟大的思想家、政治家、教育家,儒家思想的创始人,他的思想及学说对后世产生了极其深远的影响。

孔子的一生，是激情的一生。尽管在他的有生之年，遇到过诸多的挫折，但他正直、乐观向上、积极进取，一生都在追求真、善、美，一生都在追求理想的社会。

孔子在教育实践和教育思想上为后世提供了十分宝贵的经验，孔子是华夏民族历史上私人办学的先驱者。

他的品格，几千年来一直影响着中国人，特别是影响着中国的知识分子，尤其是教师。

孔子的思想是超越时代的，几千年来，其影响不可磨灭。在他生命的70年历程中。虽然遇到了许多的挫折，遭遇了诸多的讽刺、打击，但他老人家凭着自己的满腔热血，从不气馁，从不消极，依然一如既往，带着他的弟子们，阔步向前。

孔子，作为万世师表，一直都是教师的楷模。其思想，其学识，其人格，都值得世人景仰。几千年过去了，孔子的人格品质依然着激励着一代又一代的人们，为自己的理想而努力奋斗。激情四溢的教师，他们观山，则情满于山；观海，则情溢于海。看什么，什么就有情；干什么，什么就是情。

教师激情源于爱与责任。国家教育部前部长周济明确指出，"爱与责任是师德之魂"。正是基于始终怀揣着爱与责任，才有山村女教师钱茶花"饭疏食，曲肱而枕，乐在其中"，才有65岁老教师郑琦，47年从教生涯"收获最多的还是做教师的快乐"的真切感悟。教育中的爱，在本质上是一种超越血缘，超越私利的崇高而持久的情感。

教师对教育的激情，在很多情况下，是跨越了界限的。其实，从根本的意义上说，情感，本来就没有什么界限，本来就没有什么逻辑，如果真要说有界限，那也是它自身确定的，是它自身所及的极限；真要说有逻辑，那也只是它自身的逻辑，而不是那理性的、冰冷的逻辑。激情的界限可以跨越学科，让教师在相邻的学科中大展风采。著名语文特级教师于漪，在大学所学的专业是教育。可是，在她走上讲台之后，发现学校所需要的是语文教师。于是，她毅然改行，教了语文。可这一改就是几十年。她再也没有改回去，再也没想改回去。对教育的那份激情，使她在语文教学这块园地里成就了自己辉煌的人生。

一些老师已是两鬓斑白，一些老师已是声音嘶哑，一些老师已是两眼昏花，可是，我们依然能够感到他们的激情犹存。新的一个学期就要开始，校长为了老师的短缺而头疼，几个老教师终于结束了三尺讲台的生涯，就要离岗。新学期的老师在哪里？校长一个人静静地坐在办公室里想，就现有的资源如何安排，谁当班主任，谁带主课，老教师总得照顾吧，年轻的老师又调不开。

赵淑玲老师已 52 岁，刚带完一个毕业班，早就答应照顾她，快退休了，带上几年副科。可就是说话不算数，一年又一年的班主任，一年又一年的高段主课，而且腰椎间盘突出，几次都是扶着墙走出的教室。她刚休息几天，看见校长发愁，便主动说，要是实在没有人，我就还带语文吧。

赵老师，凭着她几十年对这所学校，对教育事业的激情，勇敢地承担起了教语文的任务，实在让人敬佩。

现实生活中，像赵老师这样的教师并不止一个，而有很多很多。

马克斯·范梅南在《教学机智——教育智慧的意蕴》一书中提出教育是一种使命、是一种召唤，"只有当我们真正感受到教育作为一种召唤而激起活力和深受鼓舞时，我们与孩子的生活才会有教育学的意义"。他所说的使命、召唤，不是一种象征或比喻，而是一种十分深厚、十分真切的感受，就像初生婴儿的第一声啼哭一下就唤起了年轻的父母成为父亲或母亲的神圣的使命意识，感受到吸引自己全部身心投向自己孩子的那种召唤，每一位教师都会有无数次这样的感受，都会有无数次从学生的眼睛里、话语里感受到他们的召唤。教师应当努力成为学生心目中的好教师，并把它作为自己的人生追求目标。

对学生负责意味着对学生终身负责，教学生几年，却要对其几十年发展负责。要精心打造学生在未来社会生活和竞争中立于不败之地的核心素养：民族精神、社会责任感、科学与人文素养、创新精神与实践能力等等。那种只注重学生眼前成绩和考试名次的态度和行为是不负责任的。我们教师所教的东西，必须为每一位学生的终生跨越式的发展负责。因为学生的跨越式发展才是我们的真正目的！

章节感言　成就放眼天下的教育

同样是教书，有的人做了教书匠，有的人成了教育家。

同样是教育人生，有的人激情一生，硕果累累；有的人糊里糊涂，一无所获。

教师几十年的教书生涯，既可以造就一个教书匠，也可以成就一个教育家，究其原因，是激情燃烧的层次不一样，是发自内心的动力不同。激情燃烧的层次不一样，教师给自己的定位就不一样；给自己的定位不一样，收获就不一样。

　　激情燃烧的层次在一定程度上决定教师的成功与否，当教师的应有放眼天下的志气，才能成就放眼天下的教育，才能享受教育的成功，享受教育的幸福。

第三讲　科学地让激情燃烧

　　教育激情是蕴藉在地底下的岩浆,是埋藏在云团里的闪电。激情燃烧,能融化学生心里的块垒,摧毁知识的藩篱,提升教师生命的质量。

　　激情燃烧是一个哲学范畴,有其质、量、度。提高激情燃烧的质是教师的终极追求,控制激情燃烧的量是有效教育的基本策略,燃烧教师激情的度是实现教育幸福的重要保证。科学地让激情燃烧,教师的教育理想就不再遥远。

　　优秀的教师,总会在恰当的地方,恰当的时候点燃自己的教育激情,点燃学生的学习热情。师生所燃烧的烈火熊熊的画面,是我们教育征途上最美最和谐的激情篇章。

　　燃烧教育激情,教师就会像那浴火的凤凰,涅槃后重生。

第一节　教育幸福的泉源

一个有激情的教师必然拥有强烈的幸福感,激情能让教育的幸福感更持久、更强烈。同样,教育幸福感强烈的教师教育激情也最为充沛。可以说,教育幸福和教育激情相辅相成,密切相关。但在实际生活中,教师的工作是琐碎的,每天面对纷繁复杂而又单调重复的工作,每天面对反复说教而没有收效的调皮学生,面对愈演愈烈的应试教育,很多教师都在心底里问:教师的幸福在哪里? 教育的激情在哪里?

据重庆的一项调查显示:六成教师没有幸福感,都认为"工作太忙,无暇顾及幸不幸福"。据调查显示,75%的教师每天工作时间在10—12个小时;20%的教师每天工作8—10个小时。广州市教育科学研究所对广州地区1000多名教师也发放问卷进行了调查,结果表明,大多数教师觉得工作压力大,职业幸福感不强。16.6%的教师认同"再有机会,不愿选择当老师";而认同"工作稳定,收入客观,受社会尊重"的教师只有11.2%。种种现实情况表明:教师的职业幸福感是很低的。既然没有职业幸福感,工作的激情何以得来?

这样看来,难道我们的教师真的要在这种毫无激情、毫无幸福感的职业里浪费时间,"贻误"终生吗?

其实,并不尽然,"真正的幸福只有当你真实地认识到人生的价值时才能体会到。"客观地说,教师的职业幸福,关键在于教师本人的生活态度,在于教师从事教育事业时的需要是否得到满足、潜能是否得到发挥、力量是否得以增强。惟其如此，幸福才能源源不断，激情才能澎湃不竭，教师的尊严才能得以实现。但是以什么程度增长，以何种频率增长，还要看教育幸福的发展层级了。

教育幸福感是有层级的。相应地，教育激情的强烈程度也是有差别的。马斯洛的层次需要理论从两个方面来阐述了人的层次需求论，首先，人是一个有需要的动物，其需要取决于他已经得到了什么，还缺少什么，只有尚未满足的需要能够影响行为。已经得到满足的需要不再能起到激励作用。其次是人的需要都有轻重层次，某一层次得到满足之后，另一层次需要才出现。当教师已经实现了某一层次的教育幸福的时候，就会向着更高层次的要求迈进，那些低层次的曾经带来教育幸福的因素就不再起作用了。所以，教师教育幸福的感觉是发展变化的，对教育幸福的要求也是不断提高的。

我们呼唤教师的教育激情，就要探究教师职业幸福的源头。正其本，清其源，教师的教育激情才能持续燃烧，教师的尊严才可以维护。"问渠那得清如许，为有源头活水来。"教师职业幸福的源头活水到底有哪些呢？

1. 奉献的同时相伴名位和财富

"君子喻于义，小人喻于利。"传统的知识分子是羞于言利的。似乎是只要言名利，教师的境界就不高，师德就成问题。在教师行业，教育者被灌输的理念往往是奉献、无私等崇高思想。我们的媒体也不遗余力地推销类似的价值观念。一篇篇感人肺腑的报道喷薄而出：有教师打着点滴给学生上课的，也有积劳成疾英年早逝的，似乎离开了"鞠躬尽瘁、死而后已"，教师便不能成为教师了。

原规则之二一：名位和财富是点燃教育激情的第一把火，教师不能等闲视之。

不错，作为一项关乎千秋万代的职业，教师需要无私奉献，需要像春蚕吐丝、蜡炬成灰。但是单单强调奉献其实会扼杀教师作为一项职业的尊严。教师是生活在社会中的人，甚或是辛苦备至、压力巨大、社会期望甚高经济地位却低下的群体。教师也是常人，理所当然地拥有马斯洛所说的五种层次的需求。鲁迅先生说："人必须活着，爱才有所附丽。"教师的生活质量、社会地位提高了，教师才会有足够的精力去应付繁重的教育教学工作，才能安心育人，静心授课，教师的职业幸福感才会更加的强烈。

很难想象，一个整天箪瓢屡空的教师还有什么样的职业尊严，一个整天接受社会有闲阶级、有产阶级冷嘲热讽的教师还有什么资格谈教育理想，连尊严都谈不上的教师何谈幸福尊严，没理想的教师哪里来的激情。所以，贫穷不是光荣，位卑不是骄傲。

让教师成为社会上最令人羡慕的职业，就应该让教师在奉献的同时享受到教育的幸福，就必须提高教师的经济和社会地位，在名位和财货方面给予教师相当的认可。2009 年，国家在教育岗位率先实行绩效工资，大幅度提高了教师的经济待遇。同年，人力资源和社会保障部、教育部联合表彰了 500 个"全国教育系统先进集体"，831 名"全国模范教师"和"全国教育系统先进工作者"。教育部还表彰了 2014 名"全国优秀教师"和"全国优秀教育工作者"，授予 651 项教改项目"第六届高等教育国家级教学成果奖"，授予100名高校教师"第五届高等学校教学名师奖"。这些荣誉，让那些一直默默耕耘在教育教学一线的老师们感受到职业的荣耀，给广大教师打了一针"强心剂"。这些举措传递了这样一个信号：教师的经济地位和社会地位提高了，教师的职业幸福感才会增强；教师的职业幸福感增强了，教师的激情才会被点燃，我们的教育才会优质高效。

2002年，笔者有幸成为市骨干教师中的一员。因为评了骨干教师，周围人对我尊敬有加，关注的目光格外不同。我知道，这是对自己以前工作的肯定，而我必须向新的目标攀登：成为特级教师，成为一个学者型教师。之后，我的教学风格逐渐形成，知识积累逐渐丰厚，为人处世逐渐沉稳，课堂更加精彩，教育科研和教学实践结合日渐紧密。前进的同时，我深知自己缺点和不足：要将作文教学研究的构想付诸实施，让学生都有妙笔慧心秀口；要多读书，引领学生也让自己在知识的海洋里攫取宝藏；要继续深入试题研究，找出更多规律性的东西，提高学生的学习效率。

不可否认，名誉这一具有导向性的刺激物给我带来了满足感、幸福感，激发起了上进心，明确了自己的方向——成为学者型教师，也让我发现了自己的不足：在"作文教学研究"、"读书"、"试题研究"等方面亟待提高。

作为一线教师，笔者深知教师名位在教师获得职业幸福中的重要作用。在现实的教育生活中，有的教师，可能会因为领导的一句表扬而开始亲近、热爱起自己的工作；有的教师，会因为学生的考试成绩优秀获得上级表彰开始重新审视自己的职业追求；有的教师，会因为一节课的获奖而开始热爱自己的课堂。名位的激励的确会带来职业的满足。一个有效的荣誉序列给教师设立了一个个目标,帮助教师向更高更远处发展。教师因为获得荣誉而幸福,也因为开拓开垦而获得激情。

所以,为了鼓励教师热爱教育事业,提升教师的职业幸福感,国家建立了教师荣誉制度和职称制度。这些制度的设立,就像是发生了"鲶鱼效应",让教师这个行业充满了竞争的活力,对教师的专业成长发展起到了很大的提高和促进作用。教师的职业幸福像出土的幼苗,在竞争中成长;教师的职业激情,像燎原的星火,在名位的提高中点燃。

除了职称和荣誉等名位之外,教师的经济地位也是其职业幸福的重要泉源。笔者小时候常常听到大人讲村里的私塾先生吃鱼的故事:先生吃鱼的时候,一般一餐只吃鱼的半面,吃完后,会将鱼翻身过来。为什么要翻过来呢?是因为从外观上看去,鱼是很完整的,先生就不至于被人说贫穷而颜面受损。两餐吃一鱼,旧时教师的生活待遇可谓低下,这是旧中国教育落后造成的。

放眼现在,虽说教师的经济地位有提升,但是教师内部经济地位的差别仍然影响着教师职业的整体幸福感。有调查显示:名校教师的职业幸福感比一般学校教师来得强烈,城市学校教师的职业幸福感比乡村教师来得强烈。为什么呢?除了前面所述的名位之外,经济原因占很大的比重。那些名校和城市学校,教师福利好,占有社会资源多,自然是很多老师心仪向往的地方;而乡村学校、普通学校因为种种原因,教师待遇低下、办学条件落后,教师的教育热情大幅度锐减。

经济基础决定职业幸福！在世俗社会里，教师的经济地位往往影响着很多人对教师职业的评价，影响着教师对自己职业的美誉度和幸福感。要提升教师的职业幸福、点燃教育激情，还必须有经济地位的提高相伴始终。

➡ 案例3-1

我们从一个普通教师的例子就可以窥出端倪：1969年从华东师范大学毕业后，薛章辉老师被分配到当时江西的部队农场任教，第一个月领到的薪水是45.5元，如今薛老师退休后每月薪水4300多元，他觉得教师在经济地位、社会地位上待遇有了很大提高。"我的老师在'文革'中受到批斗，我当了老师后没有被我的学生批斗过，这是我值得庆幸的事。"薛老师说。他58岁时开始学开车，如今加入有车一族，买了一套房子作为休闲养老之处。去过欧洲、东南亚旅游，还到马来西亚参加国家汉办组织的汉语教师培训交流活动。这一切都让他觉得，在人生的末班车赶上了趟。

人们可以理解到薛章辉老师在人生的晚年所体验到的职业幸福感。这种感觉毫无疑问是经济地位的提高带来的。随着党对教育的政策的逐步落实，相信像薛老师这样赶上趟的教师还有很多很多。

经济地位的提高可以改变教师在人们心中的酸腐的形象。衣着鲜、食有鱼、住有居、行有车不再是遥不可及的梦想，而变成普普通通的家常。教师在获得丰富的物质滋养的同时，工作的积极性也爆发出来，教育激情得以充分燃烧。

名位和财富，这些似乎不登大雅之堂的缘由如今也堂而皇之地跃人教师的视野。这不是师德的倒退，而是把教师从神还原成人——有着各种层次需求的人。让教师从"神坛"上走下来，感受到祖国改革开放的美好成果，有利于满足教师的幸福感、成就感，从而使教师这个行业成为最美好、最令人羡慕的职业。

2. 学生的成长是激情焕发的动力

孟子曰："君子有三乐。"其中一乐就是"得天下英才而教育之。"将教育之乐与天伦之乐、德性生活之乐相并列，这是孟子作为人师对教师职业重要性的充分肯定。的确，教育的目的指向人类本体，教育的根本追求就在于人本身。作为一种让知识转化与智慧增值的职业，教育的幸福和学生的成长休戚相关，学生的成长是激情焕发的动力。

原规则之二二：把教育激情建立在学生成长上的教师何其高尚。

从国家的层面来看，教育是关系一个国家、民族前途命运的千秋大业。振兴民族的希望在教育，振兴教育的希望在教师。为什么最终会落实在教师身上？因为教师承担的是培养新一代社会主义建设者的责任，承担的是培养国家优秀公民的责任，承担的是传道授业解惑的责任。教师的职责决定教师工作努力的方向，而这些方向的实现，就是教师获得教育幸福的源泉。

从学生个体的层面来看，教师工作的对象是有血有肉有个人意识和情感的人，这就意味着教师工作的艰巨性和复杂性。"十年树木，百年树人"是最好的说明。教书育人之难表现在学生的认知水平和教师预期之间的矛盾，体现在教师教学技术和教学效果的不协调，体现在学校教育因缺乏必要支持而表现出的软弱性。学生的成长路程是曲折复杂的，是波浪式前进螺旋式上升的。不过，惟其艰难，教师的价值才可以体现；惟其辛苦，学生的成长才显得难能可贵。

所以，教育幸福感不只是简单的获取，更应该是责任的担当、智慧和精力的付出。和学生共同生活的过程中，会有愉快的和不愉快的、高兴的和伤心的曲调。而善于认识这种乐声，是教育工作者精神饱满、心情愉快地取得成功的最重要条件。教师所从事的职业关乎人一生的发展，这是一种其他职业无可比拟的荣誉！教师的人格修养、知识能力像涓涓细流慢慢注入学生的血脉，这是教师生命的延续。当学生在教师的教育和帮助下走向人生的一个个崭新的阶段时，在他们的眼眸里，不仅有尊重，更多的是感激。

关注学生的成长，把自己的心灵和智慧交给孩子，教师就会体验到别样的幸福，教师职业会为此澎湃多情。

李吉林老师曾多次把孩子比喻成小鸟，她说："多少次、多少回，小鸟之歌在我心中鸣响。歌声中，儿童的眼睛，儿童的智慧，儿童的情感，让我激动不已。此情此境，如诗如画，我仿佛也是诗人，饱含着深情，在儿童的心田里，写着明天的诗句。儿童，是我心灵的寄托。一切为了儿童，是我教育理念的核心。正是'为了儿童'，使我成为一个执著的探索者，不倦的学习者，多情的诗人。"

李吉林老师是我国著名的情境教育专家，她的人生曾遭受过"文革"的伤害。可是面对天真单纯的孩子，她仍然满含激情地把他们比喻成小鸟。她把自己的快乐、心灵的皈依都寄托到孩子身上。而这些孩子也让她忘却前进的辛苦、人生的坎坷,成为了多情的诗人,为师的期待造就了师生成长的双赢!

　　笔者的学生生涯中,有很多老师的谆谆教诲依然萦绕在耳际。在教师节,有老师曾对我说:"你的成长是送给老师最好的礼物!"在我学习进步的时候,有老师慨叹:"班级拥有你,是我最大的骄傲!"毫无疑问,这些老师在教育教学岗位上都是有着突出成就的行家里手。面对学生,他们都共同地展示了他们的爱心、宽容和智慧。他们的脸上总是含笑的,尽管有时候因为经济条件、社会评价等一些问题影响着他们的心绪,只要他们一面对学生,那样一种满足和关爱就会洋溢在脸上。

　　学生的成长给教师带来了教育幸福,给他们的专业发展带来了动力,更重要的,它让社会感受到了一个群体的职业尊严。"天地君亲师",是传统思想,体现着为师者的尊严,从另一个角度看,正是千古以来为师者通过对学生成长的追求换来的。

3. 没有激情就没有教师的专业追求

　　法国哲学家卢梭说过,真正的幸福来源于自己的存在。为师者的存在体现在哪里?是学生的分数中,还是自我的首肯中?在现实的校园里,被分数紧紧套牢的已不单单是那些可怜的孩子,更是教师。在分数的空隙里挣扎,谁能抓住幸福的尾巴?在丧失了主动权的分分秒秒里,教师的笑声难得爽朗,教师的站姿无法挺拔。

　　丧失了激情,教师的专业追求就变成一句空话。教师在教育教学的过程中总会遇到这样或那样的矛盾和冲突,当自己无法依靠激情解决这种矛盾和冲突的时候，就需要外在的启蒙与介入。而外在力量（比如专家或政府推行的教育改革等）的介入往往会对教师原有的日常教育生活构成冲击，使教师陷入到恐惧或者说焦虑状态之中，甚至有强烈的不安全感。教师开始拒绝变化，这种拒绝又让教育生活显得单薄乏味。所以，教师要想获得更大的教育激情和幸福，就必须拥有教育追求并拒绝平庸。

原规则之二三：激情是教师专业追求的动力之一，有怎样的激情，教师就会有什么样的专业追求。

拒绝平庸意味着接纳和反思。当一个教师在采取教学行为的时候，他往往是受某种内在的对教育的理解和支配，也就是说，每个教师都会拥有自己对教育的理解与解释，这种理解与解释往往是未经检验的，带有偏见的。如果教师能通过反思、阅读等有效手段与自我保持对话关系，洞察与反省自己的理解与解释，就能不断地修正自己的教育行为，在研究中逼近真理。

案例3-2

李镇西老师就是从专业成长中赢得教育激情的代表人物。1993年春天，在教《为了六十一个阶级兄弟》时，李老师把对一道简单的练习题的处理，变成了一次活跃而成功的思维训练，学生也很欢迎，课堂气氛相当热烈。当晚，他便怀着成功的喜悦一气呵成写成一篇不足两千字的课堂实录片段，题目是《一道习题的思维训练》。第二天就将这篇文章投寄给《中学语文教学》杂志，信封上写的是"编辑同志收"。

虽然在好几年前他便有文章发表,但那些都是班主任工作方面的,就语文教学而言,这是第一次投稿。一个多月之后,我打开新到的《中学语文教学》第五期,一下子便看到目录上自己的名字!太让人兴奋了!文章虽然短小,内容也很单薄,但今天回头看,那是一个崭新的起跑点——后来李老师发表了上百篇语文教学文章,再后来还出版了好几部语文教学专著,这一切都是从1993年第五期《中学语文教学》开始的。

一篇课堂教学实录给了李镇西老师一个崭新的起跑点。从这篇文章开始,李老师开始了一种幸福而完整的教育生活。这篇文章,点燃了李老师的教育研究的激情,工作有了无限的动力,为以后成为一代教育名家奠定了坚实的基础。

其实,教书育人何尝不是在育己,所谓教学相长说的就是这个意思。专业追求不仅仅意味着课堂的改变,教育的改变,从某种意义上,也意味着教师职业态度与生活态度的根本变化。也就是说,教师要改变的,不仅仅是教育,甚至是自己的人生。在笔者的周围,有许多教师把人生价值的实现并不仅仅局限在名利的获得和学生的成长上。他们热爱研究,把课堂、学生、自己乃至周围的一切用教育者的视角加以解读。在不断地阅读和写作实践中,自身的理论素养和实践本领都得到了很大的提升,成为周边小有名气的专家。他们在工作中总是信心充足、精力充沛,在生活中总是乐观淡定、满足自在。可以说,是专业发展这种高层次的幸福追求换来了他们教育的热情,促使他们激情爆发。

有研究志趣的人是幸福的!能够通过研究使自己的精神摆脱妄

念,并使自己摆脱虚荣心的人将更加幸福。教育幸福是一种追求状态,是心灵不断成长、发展、完善的过程。因此,教师必须为追求真正的幸福而努力,在正确的世界观、人生观、价值观引导下,理解幸福、追求幸福,在教育幸福的影响下,享受激情、创造激情。

4. 激情提升生命的质量

人生匆匆,白驹过隙。人生渺渺,沧海一粟。保尔在烈士的坟墓前感慨,这"人的一生应该怎样度过"。哈姆雷特面对困苦,喊出"生还是死"这一两难的抉择。"人生也有涯,而知也无涯。"面对无限的知识,庄子不由得感慨人生苦短。是啊! 一直以来,人类总是希望突破人生的极限,拓展人生的长度和生命的宽度。

《史记》有云:"天下熙熙,皆为利来,天下攘攘,皆为利往。"这话虽有一定的道理,但只道出了部分真理。作为教师,如果仅仅把自己生命的质量定位于纯粹的利益之上,那就过于狭隘了。教师生命的质量体现在高效地工作,用极低的投入赢得较高的产出;体现在教育活动中收获的道德美好和艺术美感;体现在自我价值的认可和张扬。而这一切需要教师用激情去点燃。

原规则之二四: 激情意味着生命的质量,教育激情充沛的教师必会享受生命的温润甘美。

激情使教育永远具有生机和魅力。著名国学大师王国维曾说过:"有真性情方有新境界。"教师的激情提升教育的境界,提升教师生命的质量。著名特级教师窦桂梅就是个性情中人。无论有多疲惫,一旦站在讲台上,她便立刻激情四射,她的这种激情犹如一团烈火迅速点燃起学生心中的那团火。她说,激情是她的一种状态,因为这是来自于她心底的自然流露。有人这样评价她:"窦老师把激情灌注到整个课堂,使课堂像一条奔腾向前的大河,时而蓄势待发,时而汹涌澎湃,时而舒缓有致,我们仿佛和她以及孩子们一起登上她的激情之船,开始了激情之旅,观赏和领略到一派激情之光"。课堂上,窦桂梅总能用激情引着孩子渐入佳境,使课堂高潮迭起。比如上《晏子使楚》,她以"规圆矩方"入课,让晏子的形象越来越清晰、丰满,文章的主题显得越来越鲜明、深刻,最后,她把课堂的重点归总到"人要有尊严地活",延伸到"尊严来自于由外到内的实力",上升到"国家的尊严、民族的尊严都建立在由外到内的实力上"这样的高度。学生听了激情澎湃,内心中产生了国家认同、民族认同。听课的老师也情动于中满含热泪。这一堂课,不但是知识能力的课堂,更是深情流淌的课堂。这样的设计在窦老师的课堂不胜枚举,窦老师用她的激情课堂点化了学生,也提升了自己的生命的质量。她的教育行走取得了巨大的成绩,先后集"全国模范教师"、"教育系统劳动模范"、"全国师德标兵"等多种荣誉称号于一身,曾作为科教界的优秀代表在人民大会堂受到江泽民等七位政治局常委的亲切接见。这种人生经验,这种丰功美誉,是一般人极难达到的。

激情唤醒生命,丰富生命的内涵。这对于我们的学生更加如此。每一个生命都是独特的存在。苏霍姆林斯基说,教师要像呵护荷叶上的露珠一样关心学生的心灵。教师的激情,往往就会演变成学生前行的动力。几年前曾有一个教育事件感人至深。在江苏昆山,一个叫吴樱花的老师对她班级的问题学生记录了长达三年的日记——《孩子，我看着你长大》，这个学生在师生眼中是个"大恶人"。他为了惩罚邻班的 Y 同学，竟在 Y 的牙刷上沾上大便后再洗干净，然后骗 Y 刷牙。此事引起"公愤"，好多老师得知后都要求处分他。但是吴老师并没有这么做，相反以自己的宽容包容孩子早恋、打架、课堂不认真等一系列问题。她凭借育人的激情用辛勤的笔触记录下了孩子的成长日志，这深深触动了孩子。最终，这个孩子中考时以总分昆山市第一的成绩进入高中。在高中，他被班主任任命为班长兼体育委员。孩子告诉她，自己的梦想是清华园。很多人会把教师的激情理解成表层的张扬、肤浅的铺陈、声嘶力竭的叫喊和矫揉造作的表演。不错，在某些时候，这确实能起到一定的作用。其实，真正的激情就是像吴老师这样用生命点燃生命，用激情塑造激情，共同提高师生双方生命的质量！

闻一多先生曾说过："生命是张没有价值的白纸。"每每想起这句话，我就感慨万千。其实在这张白纸上写下什么文字描绘什么蓝图，完全取决于自己。如果教师用激情贯穿职业生命，那就一定能使这张白纸价值连城。

第二节　教育激情的指数

指数本来是指某一个经济现象在某时期内的数值和同一现象在另一个作为比较标准的时期内的数值的比数，指数表明经济现象变动的程度。

教育激情也有指数。教育激情的指数反映了教师对生活的客观条件和所处状态的一种事实判断，又是对于生活的主观意义和满足程度的一种价值判断。教育激情的指数事关教育幸福感。我们都知道，教师工作的长期性、复杂性、艰巨性在很大程度上影响着教师的职业幸福，进而影响到教育激情的指数。一个充满幸福感的教师自然是一个充满激情的老师，一个激情燃烧的环境自然需要一帮激情焕发的人来点燃。可以说，教育激情燃烧指数的高低对教师的专业发展、教学效果有着显著的关系。

教师的幸福感普遍低于其他行业，教育激情的指数必然就低下。那么，教师的教育激情指数与哪些因素相关呢？

1. 走在教育的路上必须身体安康

人生之中有很多关键词，比如知识、阅历、名誉、金钱、地位、情感、健康等等，这些关键词构成丰富美满的人生。但是假若要让你只保留一个关键词，可能许多读者都会选择健康。因为，即使有的关键词消失了，会有其他关键词加以补足。比如，一个人地位降低甚至失去了，就有可能通过友情、爱情的增长来弥补缺憾。但是，如果健康失去了，其他任何因素也无法补足。通俗地说，人的生命一旦结束，人拥有的一切就随之消失。人生的所有财富和名誉是无数个"0"，只有身体健康才是"1"，如果没有这个"1"，人生也只是一个"0"，健康是包括教师在内的所有人的安身立命之本。

原规则之二五：健康是激情勃发的蓄水池，忽视健康的教育人生是病态人生。

现实生活中，广大教师似乎并不在意自己的健康状况。

➡ 案例3-3

江苏省兴化中学高三数学老师徐书来，2010 年 1 月 14 日因患急性胰腺炎，不幸英年早逝，享年 42 岁。发病当天上午，他忍着剧烈腹痛去学校上了两节课后，又到办公室批改试卷，错过了治疗的最佳时间。1 月 11 日一早，刚起床不久的徐书来就直喊腹疼，妻子当时就叫他上午请假去看医生，谁知，徐书来一边用手捂着腹部，一边摆摆手称单位刚体检过，自己应该没有什么大毛病，腹疼可能与前天晚上吃了韭菜炒蚬子有关，自己"扛一扛"就能过去。他还为难地告诉她，当天上午还有两节数学课，如果请假就要找其他老师代课，而他知道其他班级的同事很难"分身"。就这样，吃了一碗稀饭后，徐书来就去学校了。强忍疼痛的徐书来上过两节课后，还坚持批改了前一天学生的考试试卷，准备当天下午进行讲评。午饭后，实在坚持不了的徐书来在妻子的陪同下，到当地城北一家医院就诊，经诊断患上了急性胰腺炎，12 日上午因病情严重转院至兴化市人民医院，在兴化市人民医院的建议下，当天下午就被送往南京鼓楼医院救治。14 日晚 6 点 30 分因救治无效不幸去世。临终前，家人在他口袋里发现了一沓学生的数学试卷。据同事分析，这些试卷是其发病当天下午准备给学生讲评用的。

这样的事例让人感动，感动之余却让人感慨。这是一个充满悲情的事件。教师繁重的教育教学工作使得教师错过了治疗疾病的最好时间。难道教师必得付出这样大的代价才能赢得社会的尊敬么？对于徐老师个人而言，因为身体的健康原因，他的生命提前终结，自己钟爱的教育事业戛然而止，这是个悲剧。对学生及其家人而言，又何尝不是个悲剧呢？对他妻子来说，身边亲爱的人突然撒手人寰，情何以堪？

　　健康问题，已经成为影响教师教育激情指数的一个重要问题。上面虽是一个极端的例子，但是教师的健康状况的确是不容乐观的，特殊的身份往往让教师无法逃脱职业病的阴影。在教师中，高血压、胃病、咽炎、静脉曲张、颈椎疾病、腰椎疾病、肺部感染是最常见的病。一份统计显示，教师们处于亚健康状态的占到了 34.16%，远远高于普通人群。

　　健康的缺失还和我们传统的师德宣传有关。人们总是拿"春蚕"、"蜡烛"之类的牺牲自己、奉献自己的形象来比喻教师，造成了教师在师德观念上的误解：认为只有无原则地奉献自己才是好老师。由于老师的工作长期处于紧张状态，尤其是中学毕业班的老师，更是长年累月地处于冲刺状态。一位老师这样描述了他一天的工作：早晨 6 点到校、早自习、四节课。中午还要解决学生间的问题，找学生谈话。下午四节课，晚上晚自习，每天晚上近 10 点才回家。备课、改作业、接触新教材都只能在其中见缝插针。更重要的是心理负担重，60 多个学生，安全问题、思想问题、成绩问题，整天压得他喘不过气来。这种情况下，一点小病小痛，老师们大都忍着，拖着，存着侥幸心理。健康是生存之本，更关乎一个教师最基本的尊严。当教师的健康权受到客观、主观方面的影响时，教师应该检讨反思自己的价值观念。

设想一下，一个长期经受病痛的老师能焕发多少教育激情？优秀的身体素质不单能让教师应付繁重的教育教学工作，更重要的，良好的身体状态还有利于培养教师良好的心态，激发教师对教育工作的创造力。同时，一个关注身体健康的教师必将有一帮身体强健的学生，一个珍惜自己的教师必将带动学生爱惜自己，关爱他人。笔者读初三时的班主任十分关注自己的健康。虽为文科教师，但是每天下午都会到学校操场上打篮球。他的名言是："我运动，我聪明。"在他的带动下，班级同学大多数都热爱上了体育。师生的关系十分密切，课堂的思维也十分活跃。学校运动会，班级总分都是第一名。最后的中考，考上高中的人数也超出别的班级很多。

体育带来健康，健康生发激情，激情创造智慧。教师要想持续地爆发教育激情，必须高度重视健康问题。

2. 激情促进身心的平衡

我们都知道，要想实现社会的公平正义并不是一朝一夕的事情。相比较而言，教师职业和其他行业之间在物质待遇、工作环境等方面还存在着较大的差距，教师群体内部因为竞争的关系纷繁复杂，教育工作本身的困难性等很多因素左右着教师的身心健康，影响到教师教育激情的产生。

原规则之二六：充满教育激情的教师，必会在世俗和高尚的平衡木上夺取高分。

教师的心理状况确实令人担忧。过重的心理压力导致教师的心理空间被严重扭曲。一项全国范围的教师心理调查显示,30%至40%的教师经常处于情绪波动之中,15%有心理问题,7%有心理障碍。北京市也曾对500余名中小学教师的心理进行调查,调查显示,近60%的教师觉得在工作中烦恼多于欢乐,70%的教师有时忍不住要生气发火,教师中普遍存在着烦躁、忧郁等不良情绪。

身心的不平衡对教师本人及其家庭危害巨大,不仅仅会影响到教师的职业幸福感,破坏教师的教育激情,也会影响到家庭的幸福。

➡ 案例3-4

有一个叫马玲的高一数学教师,去年刚从哈尔滨师范大学毕业,以优秀毕业生的身份应聘到她现在所在的中学任教。她因工作出色,校长曾在全校大会上当众表扬。可是有一天,同事们发现马玲用一根绳子拴在暖气管子上,上吊了。后来经过抢救,马玲脱离了生命危险。但是她的精神状态一直不好,无法继续工作,医院诊断,马玲是由于工作压力大患上了抑郁症。

马老师为什么会出现这样的问题呢? 在她的一个日记本上,人们看到了这样一段话:"我感觉到我的生活没有阳光,一片灰暗,我觉得自己没有资格当一名教师……许多该做得来的题不会做,该讲得清的题不会讲,我觉得自己愧对教师这个称号,甚至当别人叫我'马老师'时,我真想叫他们别喊……"失衡的心理让马玲不但教育激情消耗殆尽,甚至失去了生的信念。

教师为什么要激情昂扬,因为昂扬的教育激情能很好地维护身心的平衡,保证旺盛的教学和生活状态,能让教师迸发出生命和智慧的潜能。设想一下，如果马老师能够把自己的激情指数提高一些，正确认识到教师的职业尊严，那么，面对教学生活的困难，她一定会泰然处之的。

心理健康是教师素质的核心要素，也是教师整体素质提高和教育教学质量提高的基础与保障。广大教师一定要知道，教师良好的身心素质依赖于旺盛的教育激情。教育激情促进身心平衡，创造出生命的奇迹。

➡ 案例3-5

特级教师霍懋征，年轻时大学教授不当，教育部官员和全国妇联官员不当，醉心于小学语文教育长达61年，83岁高龄仍坚守在教育岗位上，她耳聪目明，精神抖擞，兴致勃勃，一天工作十多个小时还是其乐融融。白岩松问她何以能这样，她说看到那么多孩子健康成长起来了，成了国家的有用之才，而且他们都得到了幸福和快乐，自己也就感到十分幸福和快乐。

霍老师的事迹证明，健康简单的心理对老师多么重要！霍老师不羡慕高官厚禄，一心想着教育事业，想着孩子的健康成长，老年如此精神矍铄，教育激情让后辈慨叹不已。

总之，身心的平衡是教师获得教育幸福的重要砝码。身心失衡传递的是悲观消极，最终祸及学生和自己。激情勃发有益于身心平衡，不但延伸了人生的长度，还拓展了人生的宽度。

3. 激情捍卫环境的和谐

人总是处在一定的环境中的。同样，教师也是具体环境中的教师。

优雅的生活环境是教师身心放松的外在条件。几株瘦竹,一架新书,一壶香茗,优雅的布置,是读书人不懈的追求。或许我们没有金碧辉煌的资本,但是我们有独享幽静沉思的雅致,我们没有觥筹交错的喧闹,却有在书山文海里徜徉的自由。

和谐的工作环境是我们获得高效率的扶梯。对面同事一句细心的呵护,一声温暖的叮咛,我们在心底里感动万分。领导们的善意提醒和问候让我们心像花儿一样盛开。考试砸锅了,没有同事的冷嘲热讽,却是中肯的帮助。这样的环境里,你不想爆发自己的教育激情都不行!

原规则之二七:教育激情被点燃的教师,是和谐环境的创造者。

扎实的教研环境是我们专业化成长的推手。一节公开课的诞生凝聚了诸多教师的心血,一系列教学风格的形成是全体同仁的众志成城,一本书的闲话引来热议纷纷。没有上下级的指责挑衅,没有同仁的火并羞辱。教师因为专业的爱好凝聚在一起,因为理想的教育而相识相知。这就是理想的教研环境,这就是高效率的专业成长助推器。

上面所描绘的和谐氛围令人向往,但是,毋庸讳言,这种氛围需要激情的呵护。教育激情,就像水一样滋润、美化我们周围的环境,同时,和谐的环境更加有助于环境中每一个成员教育激情的爆发。

➡ 案例3-6

有一位名师这样回忆自己的成长之路：一直以来，由于心中怀着对语文教学的宗教情怀，对于一些非语文的东西我总是努力澄清，这不免和周围的很多人意见相左，言辞上的争论在所难免。但是，争论并没有疏离我们之间的关系，相反，很多爱语文的朋友因此走到了一起。我们建立了自己的QQ群，成立了自己的专业发展共同体，开展属于我们自己的教学研讨活动。这么些年来，我们中的很多人已经成为市级以上学科带头人，有两位老师已经跨入特级教师的行列。感谢争论，是它让我们前行的道路越走越清，感谢这个环境，让我们的教育激情如鱼得水，我们的教育理想正展翅高飞。

我们说，同门为朋，同志为友。我们还说，道不同不相为谋。对于教育的光热的激情为教师构造了成长的环境。虽然，走上专业化成长的道路有很多困难要克服，比如知识的缺乏、工作效果的差强人意、人际关系的紧张等等，但是，有同事的激情帮助，领导的热情支持，我们就会走得顺利些，稳妥些。

激情和环境相辅相成。反过来，良好的工作环境，向上的教研氛围，也会让老师激情昂扬。教师个人职业幸福感的好坏，取决于教师处在一个什么样的团队中，以及在团队中的融入程度。和谐温馨的团队能产生一种凝聚力，将个人的激情发挥得淋漓尽致。团队合作，一方面可推动学校教育教学、整体教学质量的提高，提升教师个体在专业知识、能力、态度等方面的发展，同时还有利于同事之间关系的融洽，干群关系的和谐。

职业幸福感来源于和谐温馨的团队,正所谓众人拾柴火焰高。燃起教育激情星火燎原,捍卫了环境的和谐;而和谐的环境就是干裂的柴火,照亮教育幸福。

4. 激情升华教育的自尊

帕斯卡尔说,人的全部尊严,在于思想! 教师作为一个特殊群体,其尊严一直备受世人关注。虽然有"天地君亲师"的昭告在先,但是,不可否认的是,在很长的一段时间里,我们的教育、做思想工作的教师是缺乏尊严感的。社会上有人谈及教师,一口一个"孩子王",似乎教师也就是带着孩子玩那么点事;也有人会说,教师也就是教书本上那些东西,没什么大不了的。社会评价若此,教育系统内的也不含糊。评起课来,领导似乎什么都懂,上课老师好像是个箭靶子,任人滥射;教育行政干部颐指气使,根本不把教师的尊严当回事。

除了政策原因导致社会风气使然外,教师自身对职业的不信任、不尊重是最主要的原因。有的教师缺乏对职业的尊敬的态度,工作没有激情,把教书当成一项简单的职业;还有教师官本位意识太重,唯领导马首是瞻,失去自己的专业追求和独特个性。教育是一项需要激情的事业,缺少了激情,教师的教学效果就不会优秀,自身的业务素质就不会有可持续增长,教书平平淡淡,做人平平庸庸,教育的尊严无从谈起。

原规则之二八：教师有怎样的教育激情，就享有怎样的教育尊严。

打铁还须自身硬！教师要用教育的激情保证自己的教育尊严。在南京金陵中学河西分校流传的两个小故事让人感慨颇深。一个故事说的是一个孩子的学习成绩不好，家长从市里面疏通关系找了重要领导跟岳燕宁校长说情，希望孩子能被破格录取。领导说，学校可以适当收点赞助费。岳校长回答说："他能给多少，一百万怎么样！"惊得领导哑口无言。最终，这个学生没有被学校录取。还有一个故事说的是江苏省领导视察河西分校，领导咨询下情，问学生学习负担是不是加重了，加重的原因是什么。岳燕宁校长一语中的："是加重了，主要是政府不作为！"旁边的随从暗自为岳校长捏了一把汗。读到这里，很多人会问，为什么岳校长敢于不卑不亢，如此不留情面？其实据笔者理解，这完全是岳校长的个人魅力使然。岳校长是江苏省物理特级教师，南师大硕导，南京市评出的包括陶行知在内的十六位当代教育家之一，是享受国务院政府津贴的专家。他长期从事物理教学和学校行政管理工作，先后六次应邀参加人民教育出版社组织的国家教材的审稿工作。他凭借对教育的满腔激情让自己成为专家，赢得了别人的尊重，而专业上求真的品质又让他在人格上树立了高标准。在校园内耕耘40余载，他没有一次迟到早退，课堂上教育育人更是兢兢业业。他的很多学生成了院士、博导，每每回忆起岳老师的教诲时，他们总是肃然起敬。职业无高下，品流有尊卑。关键还是看教师能不能把教育激情转化成人格魅力啊！

　　激情升华教育自尊,是因为激情能给予人专业上的成长和人格上的独立。受激情鼓舞的教师总是自信满满、昂首挺胸的。程少堂老师针对什么人都能对语文课指手画脚的现象说:"当别人建议那样上的时候,你就说我这么上又怎么了,我就喜欢这么上,我习惯这么上,我这么上你能把我怎么着吧?"这样的话语其实渗透了程老师作为语文教师的教学尊严和自信,也充满了程老师对同行的期待。要人敬者,必先自敬(陶行知语)。教师的尊严理应由教师用自己的教育激情点燃。

　　其实在生活中我们并不难发现,激情昂扬的老师总会成为人们关注的对象,总会成为学生的最爱。因为激情代表着思维品质的优秀。激情昂扬的教师拥有渊博的知识、缜密的思维独到的见解。激情意味着活力,朝气蓬勃的学生更愿意和充满活力的人相处。这样代沟才不会形成。

　　激情升华教师的自尊,在很大程度上也能激励学生的自信,帮助他们养成独立的人格。教育有着自身的客观规律和教育方法,用没有尊严的方法来实施教育又怎能培养出有尊严的人? 我们的教育对象是人,是年轻自由的生命,因此教育的过程应当用教师对生命、对事业、对人生的激情让学生能够体验到生命的尊严。李镇西老师的"民主"课堂、熊芳芳老师的"生命语文"、韩军老师的"新语文教育"等,都是用自己的教育激情及其所演化出的成果来影响一批又一批学生的。

第三节　可调节的教育激情

我们每个教师都可以从休眠状态中醒来。

激情无限，是每个老师最美丽的预期。因为大家都知道，自己永远无法超越肉身的桎梏。

激情无限，是每个老师最美妙的幻想，可是人生也有涯，而知也无涯。在教育的惊涛骇浪里，教师何处去寻找源源不断的动力？

曾几何时，对教育的极端痴迷让教师失去了教育的方向。教育主管部门以尊重教育的名义，片面追求速度与经济效益，使教育过于市场化、世俗化。教育产业化这面大旗不知道害苦了多少教师，辛苦了多少学生，痛苦了多少家长。学校行政化使得公平机制的发育不完善，导致了教育和教师地位日趋下降。教师唯校长马首是瞻，失去了知识分子独立的品格。对教育的过度激情，使广大教师失去了方向。两耳都是窗外事，一头雾水苦教书。教师在浑浑噩噩中进入"休眠"状态，不知所终。

教师们片面追求新理念，挖掘新办法，表面上热热闹闹，实际上墙头稻草。目标教学来了，大家纷纷研究目标；建构主义来了，大家纷纷开始课堂建构。杜郎口来了，大家纷纷让学生张口；洋思来了，大家纷纷促学生先思。赶时髦、追潮流的现象比比皆是，课堂变成了教师作秀的"T型"台。教师失去了沉淀、思考的时间，失去了总结、升华的环境，生怕自己落后惹人笑话。主一无适就是敬，教师是否也该认准一个方向,心无旁骛,扎实有效地研究一些东西呢?

教育呼唤激情,教育要在激情中燃烧;但是教育是科学,教育是有规律的,教育的激情同样需要科学地燃烧,有规律地燃烧。燃烧不是一泻千里,不是一烧了之,不是风中之烛。激情的点燃和燃烧需要技术,更需要艺术。是烈火熊熊还是文火慢炖,是火烧连营还是星火燎原,这需要教师懂得掌控和调节。经过调节,我们每个教师都可以从休眠的状态走出来!

1. 冲突:激情中的教育理性

教育精神激励人锲而不舍地突围困境,教育理性引领人永不迷途地实践创新。

新课程轰轰烈烈的开展解放了教师,让教师释放出磅礴的教育激情。草根教师也可为专家,千万不能做教书匠。可是,等到新课程铅华洗净,老师们不禁发现,教育始终是教育,人人都成教育家,那是多么荒诞的事情啊!当初那些轰轰烈烈、红红火火,确实有待理性的教育观察。在激情爆发之时,教育也在呼唤理性。

原规则之二九:教育激情和教育理性碰撞出的花朵,一定可以照亮教师的成长之路。

教育理性让教师回到教育本身,回到教育主体本身。当相关部门通过教育产业化拉动教育经济增长以促进教育事业发展时,教师当深思功利思想对教育产生的伤害。当学校"公司化、企业化"的思想萌发,校长打着精细化的旗帜,向教师索要成绩以谋取行政化的利益时,教师该理性地反思在新形势下如何做一个专业化的教师。当"没有教不好的学生，只有教不好的老师"的论调甚嚣尘上，教育理性让老师们思考教育对象的差别。

教育需要激情，同样需要理性。只有在冲突碰撞中产生的火花才能照亮教师前行的道路，只有在理性的湖泊里点亮激情的渔火才会构建美妙的画面。教育理性是对教育激情的尊重，教育激情里应蕴含着教育理性的力量。教师只有在走完"否定之否定"的道路后，才能真正趋向完美。

➡ 案例3-7

笔者在《读写月报·新教育》杂志上曾经发表了一个亲身经历的故事：刚参加工作我就遇到这样一个调皮学生，他把男孩子能犯的错误都犯了：上课睡觉，有时居然会放肆地发出鼾声，气得老师揪他耳朵；从不做作业，每天课间，都被叫到老师那里补作业；不值日，还乱扔垃圾，弄得班级脏乱不堪。我虽多次劝导，他却屡教不改。让他喊家长，可是他的家早就散了。我没有办法，只好细致地帮助他，呵护他的童心，发掘他的优点。在初三的一个阶段，这个学生又迷上了网吧，痴迷网络游戏。学习成绩刚有点起色，又一落千丈。由于我对网吧有成见，加上中考压力很大，有一次就大声指责并推搡了这个孩子。恰好在那次，这个孩子手里攥着一盒润喉片，说是为我买的，因为我嗓子哑了。他告诉我是为了攒买润喉片的钱才去网吧的。我哪里肯信。这个孩子就这样郁郁地结束了初中生活，可是等到多年后的一天，我才发现，孩子说的是真话。这真让我追悔莫及。

　　刚参加工作,我对教育充满了激情。可是到初三的时候,由于带毕业班,升学压力大,我的激情转变成对分数的热情,对孩子的心理缺乏仔细研究,于是根据自己的习惯思维认定学生说谎,导致了巨大的教育遗憾。设想一下,如果在初三的那个教育现场能够理性地面对学生的解释,或许,这个孩子的人生走向就会发生改变。

　　教育的本质就是培养人。教师首先要知人。很多老师根据自己感性的认识和已有的经验来了解学生,这是形而上学的行为。在生活中,人们常常用将心比心来教育别人换位思考,其实将心比心也未必正确。特定的时代产生特定的人,学生是发展变化中的人。对学生的了解不能停留在浅层次上,而要走进学生的心灵,用心灵赢得心灵。否则,教师的好心有可能办成坏事,最终在激情与现实的冲突中失去理性,错失教育良机。

　　其次,教师要学会悦纳。这种悦纳不仅仅是对教育对象的包容,更重要的是对自己的包容和接受。教育是充满爱的职业。但如果不小心,过度燃烧的激情就会让这种爱变成溺爱。所以教师要学会爱。爱无力是懦弱畏缩的表现,爱有法才是思想理念的高标。教师可以不热烈,但是必须要从容;教师的心胸要更开阔。如果说教育是一个需要从容的事业,那么学会爱就是为这一份从容奠基。

　　教师要能悦纳自己。教育的激情带来教师的专业阅读和反思,教育的阅读和反思又促进教师教育理念和方法的更新。当教师采取一种包容的心态面对自己的不足,并进行知识的重新建构时,教师就有可能获得新的教育激情。反之,如果教师面对观念的更新采取的是一种固步自封的态度,面对知识的更新采取拒绝的态度,长此以往,教师不仅会磨掉教育的激情，还会迷失教育的理性，在平淡无奇的教育生活中渐趋平庸。

面对教育，面对学生，我们应始终保持清醒的头脑，处理好教师专业发展与教育理性的关系，尽可能地少一些浮躁，少一些功利，少一些短视，尽可能地多一些理性，多一些奉献，多一些远见，更加科学地谋划好自己教育生涯的未来和发展。这是教育理性，也是教师的职业尊严。只要真正善于理性谋事、激情干事，教师的人生价值就一定能够一步一步地不断向上提升。

2. 磨合：理性教育中的激情

磨合，指的是几个存在着事实或价值上的差异，但又有着共同价值取向的事物，在交往和交流的过程中，经过碰撞、摩擦、调整、改善，逐步形成共识，融合同化为共同体的过程。作为相对立的两方，教育理性和教育激情该怎样磨合融一，以实现教育效率的最大化呢？

众所周知，教育的激情要经过岁月的淘洗才能提炼出珍珠般的璀璨。教育激情不是兴之所致，不是三分钟热度，而是基于对教育理想的爱和教育幸福的追求而迸发的。从这个层面上说，教育激情的根本源流是爱。而教育理性是对教育本质和发展规律的把握，是对教育对象、教育现象科学的本真的分析。从这个角度来看，教育理性的基本源流也是爱，对教育科学的爱。我们强调教育激情的燃烧并不否认教育理性的存在，相反，因为他们源流的一致性，我们可以看到教育激情在燃烧的过程中渗透着教育理性。大家都见过悉尼奥运会开幕式上的盛况：熊熊烈火在水面上燃烧成五环的标志。用这来感悟理性教育中的激情再恰当不过了。

原规则之三十：经理性磨合后的教育激情是教师思想升华的催化剂。

有了教育理性的蕴藉，教育激情要在以下几个方面重点磨合：一是情要有度。不论教师对于教育事业是多么钟爱，不论教师是多么热爱自己的学科，其教育激情都要适可而止，不可一味喷薄。有个语文老师热爱自己的专业，为了让学生学好他的学科，给孩子布置了大量的课外阅读作业。孩子学习的时间和空间被占据，于是其他学科老师有了意见，弄得这个语文老师满肚子委屈。我们知道，语文学习绝对不是一蹴而就的，这位老师激情掩盖了语言习得的规律，反而影响了学生的全面发展。二是情要适时。教师教育激情的爆发要适时而作。因为，人的精力是有限的，不可能长期处于高度亢奋状态。教师要根据教育规律、身体状态，适时地调整自己的激情状态。比如在课堂上，教师就不能从头到尾激情昂扬。一堂好课就像一篇优美的文章，有铺垫有悬念，有照应有高潮。倘若教师把握不住其中的细节，一味昂扬亢奋，长此以往，不但自己身心承受不了，学生也会索然寡味。三是情要有效。情不宜滥，不然就是滥情。情要有针对性，有针对性的情感才是有效情感。教师的教育激情应当和教育对象的情感心理相吻合，和特定的语境相吻合。

理性指导下的激情是高效高质的激情，笔者在教学《我的母亲》一课时就深有感触。胡适的《我的母亲》是一篇表达母爱的文章。教授这篇文章时，我并没有按照常规，让学生找出表现母爱的句子感受母亲深情，因为作者的生活环境和写作年代离学生过于久远。作者的情感跟学生有点"隔"。所以我通过文章中的母亲教育孩子时所采用的严厉的方法，引出"胡适的母亲称职吗"这一问题，反其道而行之。学生通过文章主要信息的检索展开热烈争论：有说"严母出孝子"、"严厉也是爱"的，有说劳动妇女没文化，不必计较的，还有说"母亲是后妈，从严管教自己的孩子，宽容对待作者同父异母的哥哥是为了给胡适一个安定和谐的环境，更可见母亲的良苦用心"。这样，一个特殊家庭背景下年轻寡妇教育幼子的心酸与艰难终于呈现出来，学生对胡适母亲的理解就不再是概念上的母爱，而是体会到了人物内心中爱的深沉。理性让我寻找到了文章的切入口，让学生在研究、探讨的热烈气氛中感受到文章的语言、情感之美，点燃了学生的学习激情。这篇课例实录后来发表在《黑龙江教育》中学版上，教学流程被很多老师使用、借鉴。

经过教育理性检验过的教育激情总会显示出一种柔韧的力量，就像在地底酝酿很久的火山岩浆，只是等待一个特定的时候，一个特定的出口。这很像越王勾践为破吴国而卧薪尝胆的故事。设想一下，越王勾践当初何尝愿意为吴王奴役，作为一国之君，当有宁为玉碎不为瓦全的气概。可是勾践并没有将自己的一腔豪情爆发，他深知越国的实际情况，深知吴王的弱点所在。于是，控制、隐忍、择机成为他必然的选择，终于三千越甲吞并吴国。这就是经历过理性磨合的激情，一旦爆发，就不可遏止。

经过教育理性磨合过的教育激情，总会凸显一种迷人的风度。这种激情褪尽热烈的本质，已经演化成一种淡定、从容和自信。笔者曾结交一些特级教师,理性和激情在这些特级教师身上显示出的是一种独特的气质。在这种气质里,有对教育技术的熟稔拿捏,有与人相处的随和亲切,有教学细节的完美追求。这些老师的教育激情不但没有湮灭无痕,反而是以一种人格美呈现在广大教师和学生面前。

理性中的教育激情与教育者个体对教育工作意义认识的深浅有关,与教育者掌握职业技能的熟练程度有关。教师的教育激情在理性的砥砺中会成为专业化发展的助推剂,把教师的职业人生推上新的巅峰。

3. 融合:教育激情螺旋式上升

融合是指将多种现存技术结合起来,创造出比原有技术更强大的新技术,包括内容的融合和传输技术的融合两方面。教育激情的重要内涵就体现在它的融合功能上。融合意味着更新,融合意味着创造。

原规则之三一:教师海纳百川的胸襟,兼收并蓄的态度,让教育激情呈螺旋式上升。

海纳百川,有容乃大。教育激情的融合功能首先体现在一个"容"字上。只有能容天下难容之知识、容天下难容之人的气度,教师的知识面、思辨性才会有所拓展。教师要有海纳百川的包容气度,才可能成为"杂家"并又红又专。上世纪初,北大校长蔡元培先生提出了"学术自由"、"兼容并包"的办学方针,主张破除门户之见,这一政策的实施,扭转了北京大学腐败的校政和学风,使北京大学成为蜚声国内外的最高学府,在中国近代思想界和教育界起到了很深远的影响。包容异己的学术观点，吸取他人的教学方法，教师的个人素质就会得到提升，教育激情才因此不断得到滋润、培养而绵绵不绝。

教育激情的融合体现在一个"融"字上。这个融，就是"合成一体"。充满激情的教师就像一块海绵，尽自己最大的努力吸收周边的水分来丰富自己。从知识层面来看，充足的教育激情需要教师触类旁通，教师不光要熟悉本专业的系统知识，还要对教育学、教育心理学、学习心理学等诸多学科的相关知识有所了解和掌握。一个光知道本专业知识的教师是有缺陷的教师，教师的专业化绕不开各门学科的融会贯通。全国优秀班主任李镇西老师就认为许多杂书对他的班主任工作启发极大。他认为，一个有着更高追求的教师，不能仅仅只有"功利性阅读"，还应该读一些与教育教学无关的书。

这个"融"字，更体现在教育激情的螺旋式上升上。教师阅读学习的过程，是一个螺旋式上升的过程。在某一个阶段，有的老师甚至会怀疑自己的学术水平裹足不前，乃至出现退步，教育激情也随之大打折扣。其实这正是教师知识水平和能力的扩容时期。教师完全不必为此神伤。从思想层面来说，各类教育观念是那些教育专家激情的花朵，我们广大教师有了皓首穷经的精神，吸收各流派思想的特征，反思自我，实践新知，才有可能让自己的教育激情向更高层次发展，以实现自己的教育尊严。如果没有读书，就不能激发思考，实现自我超越，迸发高层次的教育激情。数学特级教师华应龙特别强调教师阅读、反思的重要性。他认为读书能引发思考，思考能指导实践。华老师所说的，既是他自身经验的总结，也道出了融合他人思想对于提升教师教育激情的作用。

《史记》云:"故驰骛乎兼容并包,而勤思乎参天贰地。"这句话的意思是说,思想开放崇尚自由就可以兼采多长包容一切,而勤于思考的人就可以获得与天地一样广博的思想领域。融合,是教育激情中的重要内涵,是教育激情焕发新生命的重要力量。相比较磨合而言,融合更具有创新性。磨合强调的是研磨、磨炼的过程,而融合则是自我的否定之否定之后的升华。教师的教育激情,在兼容并包的思想的支配下博采众长,迈过融合所产生的"阵痛",就能迈向一个崭新的高度。

→ 案例3-8

通过融合让语文教育激情螺旋式上升的教育专家很多,程少堂老师就是典型的一例。程少堂老师是全国著名的语文特级教师,"语文味"教学流派的创始人。程老师热爱语文教育事业,高中毕业之后就开始做中学语文教师。1979 年考上大学,毕业后又回到中学。1990年读研究生,毕业后留在高校。但程老师对中学语文教学情有独钟,他不久就回到了中学语文教学、教研岗位。

回到中学语文教学教研岗位的程少堂老师,开始审视中学语文教学现状。与中学语文教学的零距离接触使他对语文教学形式主义的痼疾有了深刻的了解。程老师来自高校,深厚的学养让他明晓语文教学的规律,对"三老"的论述,特别是对各种风格流派的优缺点有了充分的把握。他将中国古典美学中"滋味"范畴进行了创造性转化,提出了"语文味"的观念。这一观念的提出,让他的语文观有了一个本质的飞跃。在后来的十多年间,程老师多次在深圳、香港、广州等地开设公开课,进行语文味的教学实践。同时,在他的周围,聚集了一帮研究者、爱好者，他们对语文味的内涵、外延进行研究，发表了一系列的理论研究成果。"语文味"这一教学流派在全国显示出一定的影响力。

程老师一腔教育热情令人感动。我们不难看到，语文味这一概念其实不仅是其"要在中语界干出一番事业"的教育热情使然，更是他多年累积、思考的结晶。程老师和他的研究团队在融合前人研究的基础上，创造出了崭新的教学流派，其教育激情经历了一个本质的飞跃。其研究实践的勇气，热爱语文的激情值得后来者效仿学习。

多年前，鲁迅先生认为在小说中塑造人物形象有两法。一是专用一个人，微细的癖性，衣服的式样，也不加改变。二是杂取种种人，合成一个。杂取种种人，这人物形象就有了许多人的特色，每个人都能从这个人物形象中找到自己的影子，但是，"合成一个"，这个形象就又是独一无二的了，是作者创造的新形象。教育激情中的内涵，是教师以激情为主要动力，在杂取各种理论思想的基础上，创造出崭新的思想来。

为融合教师发展的专业思想，点燃教育激情，教师要改变自己的"行走方式"。教师应通过自己的行动和反思，通过专业阅读建立起自己专业化的知识结构模型。一个人的成长发育史，就是一个人的阅读史。和不同年龄不同生活经历的儿童需要阅读不同的童书一样，不同学科不同发展阶段的老师，一样需要阅读不同的专业书籍。当专业发展进入彷徨期的时候，教师就要通过阅读来弥补、融合自己的知识结构，延续自己的教育激情。

第四节　提升教育激情的质量

　　教育激情是一种情绪,是情绪就有波折,就有高潮和低谷。教师提升教育激情的质量,就要控制好激情的起伏。在低迷期积蓄力量,厚积方能薄发;在平常期调整幅度,张弛必须有度;在上升期提升质量,通融便能从容。

　　教育激情的质量是力的张扬。这种力,表现为一种昂扬奋进的动力,是刻苦求索的毅力,是才华横溢的学力。教育激情的质量也是美的呈现。这种美,表现为一种气势迸发的雄美,丝丝入扣的优美,多彩纷呈的华美。教育激情的质量是信仰的体现。这种信仰,是抛头颅洒热血般的虔诚,是朝圣般的宗教情怀,是教育征程上的自我救赎。

　　呵护教育激情,提升教育激情的质量,这是每个教育人应为、善为的事情。

　　调控教育激情,保持教育激情的可持续增长,这是每个教育人巧为、乐为的事情。

1. 在低迷期积蓄激情迸发的力量

　　低迷期就是在一个周期内,教师的心理状态、事业状况处于低水平延续的时期。我们都知道,人体智力、情绪、体力的生物钟周期分别为 33 天、28 天和 23 天,这 3 种"钟"存在明显的盛衰起伏,在各自的运转中都有高潮期、低潮期和临界期。如人体三节律运行在高潮时,则表现出精力充沛,思维敏捷,情绪乐观,记忆力、理解力强,这样的时机是学习、工作、锻炼的大好时机。反之,则处于生理的低潮期。

反映在事业状态上,低迷期的教师会感觉工作不顺心,性情烦躁,学习效果不佳,教育教学的成果一般,虽然经过有意识的调整,但是成效不大。这样一个阶段,我们称之为教育激情的低迷期。

原规则之三二:学会积蓄和沉淀的教师,一定是教育激情低迷时期的强者。

处于低迷期并不可怕。首先必须承认,很多人在事业的发展阶段都有低迷的精神状态存在。不过,真正的胜利者都会认真地利用这种低迷状态,让自己能从低迷的状态中很好地走出来。

➡ 案例3-9

保险业怪才克莱蒙? 史东很小的时候家里很穷,必须要通过卖保险维持生计。可是要一个穷孩子卖保险是多么艰难。这期间他被别人从房间里踢出过无数次。他也曾怀疑过自己是不是不适合干这个工作。但是他想:如果自己被踢出来,自己就赶快到下一个办公室去。这样自己就来不及害怕或者感到羞愧了。就是这样的精神面貌鼓舞着他,让他卖的保险一次比一次多。二十岁的时候,史东自己设立了只有他一个人的保险经纪社,开业的第一天,他就在繁华的大街上销出了五十四份保险。后来,他成了"美国联合保险公司"的董事长,成为美国最具影响力的商业巨头。

作为一位商人,史东在低迷期积蓄了很多宝贵的财富。他说:"如果你以坚定的、乐观的态度面对艰苦，你反而能从其中找到好处。"低迷期不但没有打垮他，反而激起了他的信念，积累了应对困难的经验。那么，作为普通的教育工作者，我们在低迷期应该积蓄什么以供将来的教育激情迸发呢？

笔者以为，教师首先要积蓄关系。这种关系首先体现在与领导、与同事的和谐关系中。在目前应试教育的前提下，学校的行政化促使领导不得不考虑学生的成绩。唯分数论虽然可恨，但是在特定的条件下，并不可耻。实践表明，在教师处于低迷期的时候往往是教师干群关系最紧张的时候。同事的冷嘲热讽，领导的步步紧逼，教师人际的空间空前逼仄。教师要通过恰当的方法和领导同事构建好和谐融洽的关系。在人情上沟通，表明自己的困惑所在；用工作表现，展示勤勉的态度。教师还要积累和学生的关系。作为教育对象的学生在心理上很难理解教师的低迷时期，更多的时候，他们会理解成是教师的一种冷落。教师要和教育对象做好沟通，这种积累将为教师走出低迷期提供一个可能的空间。其次，教师要积蓄知识。教师的专业阅读有一个特定的知识结构模型，教师会在某个阶段某一方面出现"短板"。教师需要阅读特定的书籍才能解除内心的困惑、无知和烦恼。另外，读书有一个"反刍期"，很多时候，自己的知识及学术水平达到一定的层次后，就会静止不前，这时候的教师需要通过整理性阅读来反刍阅读的知识，构建新的知识结构模型。这种积累，能为教师走出低迷期提供动力。第三，教师要积蓄情感。这种情感，是在遭遇挫折时的昂扬的激情，是同事互助的温情，是对教育事业深切的爱情。在低迷期蓄积的激情，将会演变成勃发的力量，为以后的腾飞奠定坚实的基础。

→ 案例3-10

卢军老师是江苏金湖的一位中学教师。刚工作的时候，被分配在一所乡村中学教书。这所学校基础设施差，教育教学管理也相对落后。大学毕业后的卢老师一下子傻眼了。由于教学上缺乏指导，学生的学习状态也出奇地差，卢老师一度陷入深深的苦恼之中。但是经过一段时间后，他与三个大学同伴结成"专业发展共同体"，谈读书、论文学，比谁的课上得更"好玩"，甚至经常私下里互换着上不同学科的课，进行着最初的"专业发展训练"；他也做过"作家梦"，对小说的痴迷和执著曾耗费了他大量的时间和精力；他默默进行扎扎实实的教学改革和探索。这些努力为他对生活充满热烈的激情和拥有那些深刻美丽的文字奠定了基础，使他成为一个把"素质教育"与"应试教育"结合得天衣无缝的高手。他所带的班级高考成绩曾经超过了全市最好的中学，因此被评为"语文学科教学教研先进个人"和省级骨干教师，并在《语文学习》、《语文教学通讯》、《中国青年报》、《教师之友》、《人民政协报》教育版等报刊发表教育教学文章八十余篇。后来，卢军老师成为苏州大学的访问学者，师从著名的教育家朱永新先生。

面对事业上的低迷期，卢军老师没有选择逃避，而是通过不断的积累为以后的发展提供力量的源泉。面对恶劣的工作环境和生活条件，他仍然积蓄着对教育理想的激情，和同事结成"专业发展共同体"。虽然，作家梦没有实现，但是不间断的写作为他以后拥有美丽的文字奠定了基础。最终，他由一个平凡的中学语文教师一跃成为"朱门弟子"，迎来了事业上的春天。

在低迷期积蓄激情迸发的力量需要教师对待教育有一颗赤子之心。这颗赤子之心体现在教师的纯洁、真诚、善良。我们常说一个人的理想越崇高,生活就越纯洁。在低迷期,教师要保证理想的单纯崇高,不让它沾染哪怕是一丁点儿尘埃。赤子之心还需要教师有对教育科学的好奇心,需要教师用求索的心态,追求真理。伟大的理想只有经过忘我的斗争和牺牲才能胜利实现,教师的专业化之路绝不可能轻而易举。套用马克思的一句话,教育人生就像海洋,只有意志坚强的人,才能到达理想的彼岸。

厚积方能薄发,低迷期的教师不放弃、不抛弃,才能积蓄奋飞的底气,展示昂扬的锐气。

2. 在平常期适时迸发激情的幅度

教育的激情是有幅度的。如果说激情的积蓄是力量上的储备,那么激情的幅度则是对力量的控制。

原规则之三三:伺机而发的教师,激情一定有度;激情的幅度决定高度,决定长度。

我们的教育生涯,很多时间都是风平浪静,甚至会让人感觉到单调。但是,正是这平平常常的每一天,组成了我们的幸福生活。在这每一天庸常的日子里,在每一个"家庭——学校"两点一线的环节中,教师应该调整好激情的幅度,为了避免自己变得庸常,或者是激情透支。

庸常是一种倦怠,是对职业压力的麻木。作为一种特殊的社会职业，教师扮演着多种角色：人类文明的建设者、知识的传授者、课堂纪律的管理者、班级的领导者、人际关系的协调者和学生心理健康的维护者等。面对这么多的角色，教师不可能把每一种角色都扮演好。教师常常由于对其职业的权利、义务、责任等缺乏清晰、一致的认识而感到对工作无法胜任，形成挫败感，以至于导致情感的衰竭和教学效能的下降，引发倦怠，最终变得庸常。

激情透支更是一种浪费。因为短视的存在和对教育规律认识的不足，平常期的教师容易导致激情透支。教育工作者对教育工作的激情需要不断更新、充实，需要不断地寻找源头，坚定信念。但是，平常的日子里，单调的工作会让教师在某一个阶段激情昂扬之后出现委顿状态。透支了的激情将使教师对教学感到力不从心，因不能很好地完成教学任务而感到知识的枯竭和应对学生问题方法的枯竭，这样，教师将在挫败感的迷茫里越陷越深。

适时调整激情的幅度对于教师的可持续发展有着积极的作用，这就像运动员参加比赛一样。我们都知道，每当大型赛事来临时候，运动员都要突击集训，训练的强度会比较大。可是，当比赛即将临近的时候，训练的强度就要大大减少，以通过调整心态来缓解压力，保证比赛发挥出正常水平。在教师专业发展阶段，在教育事业的平常期，教师要通过张弛有度的控制调整自己对教育的激情，做到收放自如，控制有度，以把教育的激情点点滴滴珍惜起来，一旦到了需要燃烧时，就通过适当的刺激来点燃激情，促进自身发展。

教育激情的幅度主要反映在以下两个方面：一方面是课堂上的张力。课堂其实是一个心理场、情绪场。这个场会显示出特定的张力，促进学生思维的发展、情感的培育。适度有效的刺激有利于场环境的形成,不过,一旦教师的教育激情投入过量,就有可能破坏场的氛围,削弱场的作用,进而影响到教学的效果。其次,新课程的课堂是生成的课堂,不是控制的课堂。即使是教师的预设,其预设也应该具有生成性。有的老师激情过度,容易强化对课堂的控制,学生很容易丧失学习的主体地位。

另一方面是学术上的毅力。基础教育课程改革已经迈入新的阶段。要使基础教育课程改革向纵深推进,就必须提高教师的素质,尤其是提高教师的反思性素质。在平常期,教师要坚持反思,把课堂的点滴、教育的感悟以随笔的形式写下来。这是教师开展教学研究的成果。笔者以自己为例,一直以来,坚持博客写作,每天记录自己的教学生态,反思教学得失。已经有数十篇文章发表。不光教学游刃有余,更重要的,对教学的激情也是周围人难以攀比的。教师要养成勤记录、勤反思的习惯,让自己的教育激情保持着积极的状态。

调整教育激情的幅度就像是调试一张弓,如果用力过猛,就有可能将弓拉折,如果经常不用,就不能发挥最大能量。教师不光在课堂上有效预设,控制激情的幅度,避免破坏气场,还要养成反思习惯,培养学术研究的毅力,不间断地进行教育研究,让教育激情在一个平和、高效的状态下运转。

著名小学数学特级教师吴汝萍老师原本是教语文的。因为一次偶然的机缘改教小学数学。刚开始的时候,为了不误人子弟,她每天将第一节课调开,腾出时间去听同年级一位老师的数学课,每天听一节上两节,慢慢模仿,慢慢感悟,期末测试,所带的两个班的数学成绩没降反升。按照一般人的理解，考试成绩好了，这其实就算站稳脚跟了，顺其自然教下去便是。但是吴老师并没有停止对教育幸福的追求。她及时调整激情的幅度，把重点放到了课堂细节的研究上。她拜江苏省数学特级教师卢专文为师，请师傅听她说课，逐字逐句帮她推敲教学过程，恳请师傅亲临课堂，及时指导她如何在课堂中察言观色，如何对学生的言行进行积极回应。在师傅的悉心指导下，吴老师对数学教材的理解以及课堂教学能力有了实质性的提升。她开始不断反思自己的每一节课，要求自己的数学课堂努力把儿童当儿童，让儿童在富有童趣味的情境中亲近"数学"，发现"数学"，感受"数学"，享受"数学"。把生活当生活，充分利用儿童的生活背景、活动经验，让儿童学习能够看得见数学，能够摸得着数学，能够听得懂数学。类似的反思很快把吴老师推向了职业的巅峰期，她先后获得江苏省、全国数学优质课评比一等奖，撰写论文100多篇。

吴老师的经历给广大教师最有益的启示是：当教师职业生涯处于平常期的时候，教师要适当地调整自己的激情幅度。既不能激情过度，走火入魔，也不能让激情湮灭。教师要让自己的教育教学走向内涵式发展的道路，实现教育水平、教育激情的可持续增长。

调整教育激情的幅度是平常期教师的"规定动作"，但是这种动作还需要有基本的操作要领。首先，教师要分阶段地调整。这种调整要结合学情状况、教材系统、教师心理等的特点。在某个特定阶段，教师当进退有度，拿捏到位。其次，教师要分类别调整。比如，当教师对教学研究兴趣不多的时候，教师就应当把适当的重心放到教学研究上来，通过研究课堂、研究教学法，来提高教学效率。当教师在教学研究上激情高昂,把目光放在教学实践上面的时候,他就应该适当多增加教育理论的滋养,让自己的实践研究更有高度。这样的控制,是对自己激情的保护,也是为上升期的腾飞做各方面的贮备。

"高山仰止,景行行止,虽不能至,心向往之。"在平常期,我们常存一颗对教育理想的向往之心,调整激情幅度,我们的教育激情就会像不绝的地火燃烧,我们也会活得充实自得。

3. 在上升期提升自己的激情质量

会当凌绝顶,一览众山小。这是每个登山者美好的期望,也是每个追求教育幸福的人所期盼的最高境界。

教育激情的质量高低体现为教育研究成果的高低。放眼当代名家,在职业的上升期,教育激情最丰富的演化就是学术成果。

➡ 案例3-11

全国著名语文特级教师余映潮老师从一个基层语文教研员一跃而成为全国知名的语文教育专家,跟他在职业上升期所取得的学术成果是分不开的。他以平均每年100多篇的文章向语文教育界展示自己的研究成果,创立了"板块式教学思路"。成为专家后,他给年轻人传授经验是强调要"巧做、苦做、乐做"。

这些教育经验和研究成果显示了余老师思想的成熟丰满,也是他教育激情质量的重要体现。

原规则之三四：上升期，教育激情的质量体现在成果，收获于环境，根植于理想。

在激情上升时期，教育激情的质量体现在对教育思想体系化的追求上。在平常期，教师的教育思想可能是片段性的经验，而不是完整的思想体系。上升期，教师要创设并完善自己的思想体系，提升激情质量。我的朋友青年教师徐杰，已经就是全国优秀教师，但他并不满足自己所取得的荣誉，仍然多次四处游学。他根据自己的实际情况，把学习的对象集中到余映潮和黄厚江老师身上。他系统地研究余黄两位老师的每一篇论文，每一个教学设计，每一堂教学案例，只要有这两位老师的活动，即使自费，哪怕路途再遥远，他都会参加。多年的努力终于感动了两位名师，这两位名师给予了徐老师诸多的点拨，使他明确了研究的方向，形成了自己独特的"精致语文"的教学理念。在上升期的老师们不妨问问自己，在你的心里，什么样的教育家占据着你的心灵，影响着你的教育人生？你的独特的教育思想体系又是什么？

在上升期，教育激情质量的高低体现于教育氛围的和谐与否中。通过平常期的磨砺，教师的人脉关系就此打开。在职业发展上，不光自己积累了许多经验，更重要的是有一定数量名师的提携帮助，有一帮志同道合的朋友互相支持。这种人际关系的圆融是成长的养分，是激情质量的保证。当然，和谐的关系还体现在课堂教学师生关系的和谐上。沈丽新在一篇专栏文章上写到如何面对调皮学生。她说："至少我们可以不生气吧？可以做到不对孩子们张牙舞爪吧？回想我们的童年，那些粗暴的老师、那些爱生气的老师一定是我们憎恨的人吧？那么，不要成为那个我们自己憎恨的人。"多么富于哲思的话语啊！教师所面对的孩子千变万化，并不会因为你是名师就包容你，屈就你。作为一个职业上升期的教师，其教育激情就是一汪湖水，能够涵养学生的调皮甚至讨厌。教师教育激情质量的高低,其实就是这湖面的广窄深浅。

➡ 案例3-12

山东省泰安市泰山学院附属中学教师,中学高级教师孙明霞老师,任教的学科是名副其实的副科:生物。刚大学毕业的时候,她被分配到城乡结合地带的一所初中。生活的艰难、条件的简陋不说,竟然连个可以交流、请教的同行都没有,这是她做梦也没想到的。工作两年半之后,孙明霞突然接到一纸调令,成为区教研室生物教研员。做老师的老师,难度可想而知,可是她却坚持了下来,8年的教研员时光,使她她在帮助教师成长的同时,也不断学习、提高,对课堂教学有了更深的理解,无形中提升了自己的专业能力。

孙明霞喜欢读书,舍得花钱买书。她说,凡是当今出版的比较优秀的教育图书,基本上都可以在她的书架上找到。她家里收藏的教育图书,无论在数量还是质量上,都远远胜于学校图书室的藏书。她经常自费外出参加培训,先后到过山西、江苏、上海、北京、河北、天津以及山东各地考察学习。

若非一番寒彻骨,哪得梅花扑鼻香。孙明霞老师在上升期努力通过阅读、和大师对话,吸收别人的思想,通过写作表达自己的心声。在这个阶段,她有过困惑,有过矛盾,但是凭着对教育的热爱,她坚持了下来。她说:"是朱永新老师的《成功保险公司启事》,使她树立了写随笔的信心。"多年的随笔写作,形成了生命化课堂的教育思想。而对大家观念的领悟,和大师的零距离接触,使孙明霞身边形成了一个"气场"。这个"气场"是一个草根教师历经磨炼、涵养而得,是她高质量的教育激情的体现。

为提升教育激情的质量,教师应当树立百尺竿头更进一步的思想,把目光看得远一些,再远一些。著名特级教师王君从重庆山村走进重庆外国语学校,事业开始进入上升期,她多次在全国性课堂教学大赛上获奖,但她并没有满足。她每年发表论文数十篇,至今共计有数十篇被人大复印资料《中学语文教与学》转载,她创立的"青春之语文"教学风格,给语文课堂吹来了清新之风。她依旧没有满足。最近她从几千名竞争者中脱颖而出,进而走进人大附中,开始新的教育征途。不知足,为她提升激情质量提供了动力。

为提升教育激情的质量,教师们应该做好打硬仗打苦仗的准备。功亏一篑,行百里者半九十,这些都是古训,更是真理。笔者接触的几位名师,都是属于皓首穷经多年如一日的"教痴"。而纵观古今名师,其成就就是"甘于寂寞后的水到渠成"。这种水到渠成需要教师在职业上升期淡定从容,面对成就不骄矜,面对荣誉不谄媚;需要教师不居功自傲,继续保持旺盛的斗志和对理想的追求。

很多年前,牛顿说:"我之所以能看得更远,是因为我站在巨人的肩上。"其实,每一位教师教育激情的优质爆发都需要站在前人的肩上,站在自我实践、反思的肩上,在一个和谐的氛围里,努力打拼出来。

4. 在鼎盛期还原生命的内蕴

教育的使命其实就是对人的整体发展的一种成全,是人在对象世界和内在世界获得自由。但是,这种要求是一般教师很难实现的。因为自身的学养和阅历的原因,教师只有经历了职业的螺旋式上升之后才会深刻理解这个最本源的问题。

在职业的鼎盛期,教师的教育激情似乎会逐渐消退萎靡。因为从世俗的观念来看,教师已经获得了教育人生很多有价值的东西,加上生理方面的原因,似乎已经登峰造极,下面所面对的应该是事业的下行,毕竟有波峰必定有波谷！很多老师的经历似乎也正说明这一点,他们在人群中的言谈也不会如上升期那样激越,有的甚至似乎淡出了人们的视野。其实,这只是表象而已。鼎盛期的教师已经有了太多的学术积淀,有了太广阔的教育视野。他们的追求已经不是庸常所理解的论文质量和数量,人前背后的哗众取宠。更多的是,他们把重心关注到人本身,关注到生命的发现和成全,关注到生命成长和尊严。在他们的心目中,教育不再是为了所谓成绩的提高,不再是教师自己利益的获得,而是学生人格的梳理,教育现场里面生命的在场。他们用自己的生命实践不断地确认自己工作的意义,确认自己存在的价值,从而不断获得生命本身的丰富感、满足感和成就感。

原规则之三五:鼎盛期的还原,让教育激情回归教育的本真:生命。

或许这就是道家所说的无所为而无所不为。不可否认的是,人们永远无法摆脱其物质性的特点,永远无法超脱其肉身。教师的激情此时无法向刚进行教育行走时那样澎湃激烈,但是并不代表教师激情的消失和事业的停滞。相反,这时的教育激情已经还原成对生命内蕴的张扬,而这种张扬,在现阶段的教育观念下是很难被一般人认可的,但这才是真正的教育。

教育的激情还原成生命内蕴的第一个体现就是对人格的极度尊重。尊重人就是要尽可能地维护和增加人的自由,意味着对人的肯定和自我肯定。在上海教育界,有这样一个故事口口相传。于漪老师曾在一节公开课上被学生问及一个非常"低级"的问题:"一千万万颗行星"中的"万万"是什么意思？问完之后全班同学哄堂大笑,问问题的同学也猛然醒悟，满脸通红。按照一般理解，这个问题可以冷处理或者不处理，因为他和既定目标无关并且学生已经知晓其中的含义。可于漪老师并没有忽视这个同学的问题，反而引导学生思考为什么不用"亿"而用"万万"，学生的思路开始打开，有的说这是汉字的叠词之美，是因为写作者深受我国古代汉语的影响，以致创作现代文章时候依然不能抛却传统文化的痕迹。有学生说，连说两个万在感觉上更能显示出行星之多。还有同学说用了叠词阅读起来就显得有节奏感，语气上比较和谐。于漪老师进而点拨学生，是谁让我们收获到了这么多？学生顿时把目光聚焦到那个提问的学生身上。大家开始为那个问问题的学生鼓掌。设若于漪老师对这个问题一带而过，那这个受嘲笑的同学可能会因为人格上得不到应有的尊重，在以后的课堂上产生心理障碍，而那些哄堂大笑的同学也不会理解宽容谦逊的品质。于漪老师用自己的睿智和宽容让学生懂得了互相尊重的重要内涵！一个人只有尊重和热爱所有的人性和自由时，同时也只有当他自己的自由与人性受到所有人同样的尊重和热爱支持时，他才能真正成为一个人。这个时候，这个场景，学生获得什么已经并不重要，重要的是在此时此刻，不但一帮学生的人格站立了起来，老师在学生心中的地位也高大无比。这并不因为她是著名的特级教师，并不因为她的学术渊博，而是她把教育激情还原成对生命最本质的关注，这就是对生命尊严的成全。教师通过此，构建了职业的尊严。

山高人为峰。鼎盛期的教师自己就是一座山峰。这座山峰，时刻镌刻着"生命"这个词。生命是一个过程，牵手生命的人必须学会等待。在等待中发现生命，砥砺成长。这个时候，很多人会以为这个漫长的阶段是对教师教育激情的消耗和对学生的无所作为。流行的做法就是,当学生在成长中出现了一系列困难的时候,要么老师越俎代庖,要么是老师强行指引。这确实能取得非常显性的效果,而且还能为一般的观点所接受。但是,从生命成长的过程来看,教师的行为简直就是掠夺和屠戮。因为学生的生命发现没有了或者被矫正了,学生的成长被取代了。鼎盛期的教师绝对会用等待关注学生的生命成长。他们会认为,每一个生命都是独特的,他们的成长不是一个简单的教学策略和方法,而是心灵的觉悟,因为内在的力量才是真实的力量,所以,对每个生命的耐心、包容、理解、成全成为他们的基本立场。窦桂梅老师在教学《三打白骨精》的时候,就非常重视学生的阅读体验。她在和学生聊了"妖精三变"、"悟空三打"、"唐僧三责"后,开始引导学生阅读。她提出了三个主要问题:一是三变写完了,再写三打的吗?二是围绕反复叙事,填写的三打白骨精的结构图表。三是作者吴承恩干吗要反反复复写那么多由遇险到历险到脱险的故事,孙悟空一个筋斗不就到了么? 这三个主要问题都是针对学生学习的学习疑点而提出的。它既让学生理解了古代小说的"结构密码",更通过语言过程形成精神世界的种子,在学生的生命里种下了生命发展的价值点。课堂没有丝毫的强制和牵引,只有生命活动力的生成和发现。这才是回归生命本源的课堂,才是教育激情鼎盛期的课堂。

　　鼎盛期的激情立足在还原,还原到教育的起点。这个起点就是生命,它包含了对生命的尊重,对成长的理解,对人格的信念和对个性的追求。正是在这些丰富的内蕴吸引下,教师的教育激情才会成为不败之花,永远绽放! 教师的人格尊严才会高高树立,令人敬仰。

章节感言　教育激情需要科学燃烧

教育激情需要科学燃烧。这里的科学是一种基本的精神状态和思维方式，是对教师职业和教师个体的客观认知。

科学地燃烧要有理性精神。从经验认识层次上升到理性认识层次是一个艰难跋涉的过程，惟其艰难，教师的专业性才可以得以张扬。当人们满足于"冲天一爆"的职业快感时，何妨深思"静水流深"的核心意义。

科学地燃烧要有探索精神。路漫漫其修远，不断探索可以明志，深入探索可以明理。哥白尼说："人的天职在于探索。"探索是对自身的审视，是客观规律的考察，也是科学地点燃激情的核心理念。

科学地燃烧需要批判精神。批判精神是指教师站在高一级层次上，对教育史和教育现状的省察，对教师本人和教育现场的分析解剖。"批判是科学的生命。"教育是科学，教育激情的点燃也是科学，批判是科学精神的核心动力。

上穷碧落下黄泉，执著地点燃教育激情吧，这是我们的执业之基；任尔东西南北风，让这种点燃更科学吧，因为我们永远是"这一个"！

第四讲　提升教师职业道德激情

教育激情源于"一种抑制不住的渴望"，这是一种探究教育内蕴的渴望。教师受环境、学生、管理等因素的制约和冲击，很可能棱角被磨平，个性已内隐。但只要细心观察，静心思考，就会发现：激情燃烧的必然在于教师对职业的感悟和把悟，来源于对职业道德和教育智慧的认同和倾情。激情燃烧的必然，需要的是教师对激情的坚守，更需要心灵的调整与突围，它靠的是对职业道德的切实实践。

在构筑和实践教师职业道德的过程中，我们要立足于职业的特点，站在事业的高度，擦亮自己的双眼，发挥自己的聪明才智。这样，教师的教育激情才能不断被点燃，不断添柴加油，教师的人生也就越来越亮丽。

本章主要从教育职业的道德原点、教育激情的突围、教育激情的坚守以及不空谈的职业激情四个方面进行解读，希望能为你内心永葆激情指路。

第一节　教育职业的道德原点

　　教育的职业是一个特殊的职业，不仅关乎教师自身的未来发展，更将对学生的未来产生长远影响，建构坚实的职业认同是教育职业的首肯。教育职业的认同度高低将影响教师工作的满意度、职业倦怠感和工作压力。我们应把教育职业当做一种生活状态，当成生活的一部分，让工作（课堂）超越职称和荣誉。

　　教育职业的道德原点就是教育职业认同和对教育充满激情。

1. 向课堂延伸增加教育职业认同感

　　"教师职业美吗?""教师职业具有吸引从业者的魅力吗?"这些问题不仅值得政府部门和社会各界深思，而且需要每一位教师做出理性的应答。可以说，对这些问题的认识将直接影响到教师对自己所从事职业的价值判断和行为选择，并最终决定着教师的教育激情。教育激情是教师对自己所从事的职业的一种积极态度。"用生命回应职业的需要"、"用职业实现生命的价值"，这是教师的职业认同，它将影响着教师的成长。这也是对教育职业中蕴涵教育激情的一种诠释——教育激情需要职业的认同。

原规则之三六：生命回归课堂，课堂实现生命价值，职业在课堂得到延伸。

教师职业认同感在现实中滑落，部分教师，每天都会莫名地产生压抑和忧郁的情绪，找不到快乐的理由。他们不知道怎么才能让自己快乐一点，哪怕只是不忧郁。想到那些永远在教室里睡觉，吃东西，讲空话聊天的人；想到那个永远只说"我就是这样，我本来就是这样"的学生，就不想踏进那个教室；想到那些没完没了的表格，那些没完没了的家长电话，他们觉得自己不适合当老师，心里总是充满压抑，充满忧郁，甚至出现想放弃的念头。他们常常思量：我们为学生着想，谁又来关心我，理解我呢？为什么一定要爱那些我不爱的人，为什么一定要理解我不理解的事。6点多钟就去学校，一整天待在学校，为什么要待在那里，我好恍惚！

以上这样的情况并不少见。这些心理和行为都是由于没有对自己的教育事业取得认同感而产生的。把上班当成一件苦差事，工作自然是得过且过。因为心中始终想到的是"我就是这样，我本来就是这样"，这种先入为主的思想导致的结果是，对工作失去了激情，对工作产生了倦怠。只要一遇到点儿不顺心的事，就觉得什么都不顺心了，仿佛前途就一片暗淡，一切都没有希望了。究其本质，在于教师内心深处对职业认同感极低。这样的教师，其职业心理是不健全的。

职业认同，是指一个人从内心认为自己所从事的职业有价值、有意义，并能够从中找到乐趣。职业认同，既是一种过程，也是一种状态。"过程"是说教师从自己的经历中逐渐发展、确认自己的教师角色。"状态"是指教师当前对自己所从事的教师职业的认同程度。教师的职业认同，在养成职业惯性的过程中有举足轻重的地位。从心理学的角度来分析，职业认同体现在教师的自知和自我理解，体现在教师对教育专业的敬畏和对职业品质的提炼。教师缺乏职业认同表现在五个层次：人在曹营心在汉——缺乏事业心；做一天和尚撞一天钟——缺乏进取心；对待后进生冷漠无情——缺乏热情与爱心；经不起金钱诱惑——物欲熏心；师表意识淡薄——形象扭曲。

生命只有在职业认同的历程中才能得到充实。一个人，其职业观念、情感和心态将影响其职业认同。研究发现，来自同一学校的教师感受到的压力程度却不相同，这除了与教师本人的专业素养、应对能力等有关以外，还与教师对工作的认可和工作的激情相关。有的教师虽然工作非常辛苦，却乐在其中，其原因就是他喜欢教师这个职业，有着强烈的职业兴趣和很高的职业认同。而有的教师呢，把自己的工作纯粹看做是一件苦差事，没有任何乐趣可言，职业的认同感很低。有这样两种职业状态，一种是"用生命回应职业的需要"，另一种是"用职业实现生命的价值"。如今很多教师处于第一种状态中，教师职业被作为一种谋生的手段，工作和忙碌只是源于外在的职业要求，一旦得不到应有的工作实效、报酬、职称、荣誉等，就很容易失去价值感；第二种是通过职业体现生命的价值，这类教师在教育中实现了自我，在他内心，教育本身就是很有价值的、很有意义的事情。实际上，真正愿意投身教育的教师，会对职业充满热情与动力。职业认同就是满怀激情地朝着既定的目标迈进。李镇西老师是这样说的："我的教育不为领导，不为职称，不为荣誉，只为这就是我的乐趣本身。"在他看来，对职业的认同决定了对生活的态度和质量。如果把从事教师职业所带来的烦躁、苦恼都看成是生活的组成部分而不是职业本身所带来的，那你就会从容很多。因为你会觉得这是"为自己而活，而不是为别人"。

将军决战在战场，职业认同在课堂。教师对自己的职业认同与否，认同的程度怎样，最终体现在其课堂教学中。一个在课堂教学中马马虎虎，敷衍了事的教师，哪怕是说得再好，调子再高，我们只要走进他的课堂就可以看得出。是驴子是马，一到实践中就可以看得出。

那些在课堂教学中，勇于改进，勇于奋进，敢于创新的教师，一定是对自己的职业有着强烈认同感的教师。而那些课堂教学几十年如一日，毫无变化的教师，我们就很难对他们的职业认同感感到认同。

余映潮、窦桂梅、王崧舟……这些让人尊敬的名师，他们哪一个不是在课堂教学中将自己的职业的认同写在了学生的脸上，写在了学生的心里？

说到底，教师的职业认同影响教师对教育的激情，教师的情感状态也影响着其对职业的认同。教师能否成就自己的事业，激情尤其重要！同样教师能否在课堂上认同自己的职业，尤为重要。如果一位教师在课堂上整天无精打采、心神恍惚、总是按部就班，虽然不出大错，但也绝不会做到更好。这样的教师，我们能想象他会冒险、顶住压力、克服困难带领一群孩子迈向成功吗？人活着需要激情，教育更需要激情！课堂更需要激情！教育激情是教师职业道德智慧的源泉，也是教师生命价值的体现，更是教师在课堂上发展自我、展现自我的催化剂。

2. 升华学识倾情教育事业

教师对教育的大爱和大德能铸就教育激情的大道，诠释教育职业的道德原点内涵。"你必须在教育中锤炼自己的激情"，这句话可以让我们更清楚地认识到职业，特别是教师职业的含义。某种程度上说，教师的教育素养是教师职业道德的重要基础，是教师倾情教育的基本保证。教师教育素养提升是教师学识水平不断升华的历程，在这个历程中，教师将获得越来越多的激情。教育激情是教师职业道德的最高表现，展现的是教师教书育人、爱岗敬业、为人师表和严谨教学的情绪状态。职业将在激情中得到升华，激情将在职业中伴随你终生。只有这样，我们才能在事业中得到充实，收获美满的人生。特别是幸福的教育人生，教育是我们要用生命去做的事。

教育就是开发人的大脑的一项事业。开发人的大脑靠的是教师对教育的钟情，靠的是教师对教育的钟爱，靠的是教师对教育理性的把控，靠的是教师用学识的引导。

原规则之三七：对教育的钟情、钟爱和理性把控，需要教师多阅读、多思考和多实践。

➡ 案例4-1

广东一所学校召开高中教师座谈会，畅谈自己的感想：

张老师：与其说爱教师这个职业，不如说是爱这个职业给我带来的相对稳定感。前4年我埋头做事，想表现自己，4年后我仰头做人，想找回自己。到现在，我特别讨厌我的工作，没办法，为了生活，我没有勇气甩掉这样一份工作。

刘老师：我做老师已经 8 年了。开始三年比较新鲜，四五年后开始厌倦，六年后达到厌倦顶点。一天复一天，我的工作每天都差不多，感觉到的是疲倦，准确地说是麻木。但如果捱过去也就习惯了。

陈老师：毕业后，能找到这样一份工作我很满足，毕竟生存是第一，而且，作为一个新教师，要学的东西实在太多。开始工作时，我的工作热情很高，根本没有精力和闲暇去产生什么厌倦情绪。工作 5 年后，我发现自己干的其实都是些事务性的"技术含量不高"的琐碎工作，感觉没什么新东西可学，而自己的能力也没有什么可发挥的地方，心中如一潭死水，没有一点激情。

这几位教师，就他们当前的状态而言，对教师这份职业步入倦怠之境。所以，在他们的心中，就如"一潭死水"，没有半点涟漪。

可以肯定地说，如果单纯把教育教学工作当做一种谋生的手段，自然感受不到其中的乐趣。于是，他们每天按部就班，上班好像只是被拖着去的，极不情愿。每天的工作只是在完成任务，没有思考，没有创新。所进行的工作相当于只做了一年的工作，然后重复了几年，几十年。他们没有把教育融入自己的生命，没有将其当像生命里最重要的东西来对待，因而对教育失去了兴致。要超脱这种倦怠之境，提升教师的学识水平显得很重要。同理，对教育倾注激情的过程就是学识提升的历程。

面对教育，我们需要提升自己的学识，倾注自己的激情。

在我们的周围，这样的人随处可见：他们每天在茫然中工作，到了固定的日子取得自己的薪水。周而复始的工作，他们从不思索关于教育上的任何问题。他们只是在机械地完成任务，而不是去创造性地、自觉自发地工作。这些人就是一群对教育缺乏激情的人。教育需要热情和行动，需要努力和勤奋，需要一种积极主动、自觉自发的精神。倾情教育是教育激情燃烧的原始动力。

多读书，多思考，多实践，是教师学识水平提高的最为重要的途径。这也为无数赋有激情的教师的实践所证明。

教师一旦倾情于教育，提升了学识水平，在他们的眼里，工作中的一切就将成为有情之物，有情之人。"问世间情为何物？直教人生死相许。""只要我今生认定了他／走遍天涯去寻他／风狂也不管它／雨骤也不管它／心中真情不凋零／生死离别相牵挂／谁拦也不管他／流水绝无回头回／生死相依跟着他／跟着他／跟着他。"说的就是这个意思吧。

第二节　教育激情的突围

教育激情如同燃烧的火焰，能在瞬间变幻无常。真正下决心去做一件事情往往是很难的，下定决心后把它干好更是难上加难。有的人干一件事，往往靠的是一时的激情，激情一过，欲望全无。教育是一项辛苦的、慢的事业，而教育激情燃烧是一段历程，是一种挑战，是构建教育明天的清晰蓝图，是向教育深处的掘进。教育激情需要突围。

教育激情需要突出重围，走出狭隘。生成忧患意识、实践精神、反省品质以及开放意识，则是让教育激情突出重围，获得新生的途径。

1. 于工作前生成忧患意识

"凡事预则立，不预则废。"这一古训说明一个道理：事业成功的道路,并非全由鲜花铺就,而是充满着坎坷。需要的是忧患意识,缺乏忧患意识,就难以有成功的希望。

　　曾经一度热播的电视连续剧《激情燃烧的岁月》,剧情在时间上跨度很大,从解放战争到"文化大革命",再现了革命岁月的群体性激情,豪迈燃烧,如火如荼。激情燃烧的温度很高,甚至有时感觉心闷,让人觉得激情过剩!从哲学的角度分析,任何事情的发展都有高原的状态,我们都得理性看待。激情燃烧中的理性,时刻伴随的是教育的忧患,忧患教育走向哪里?认识和解读忧患,生成忧患意识,应该有鲜明的时代特征,忧患于教育活动之前,忧患于未然。对教育的忧患意识,是一个人具有崇高的社会责任感和使命感的一种体现。我们应该在面对激情时叮嘱自己:逐步蜕去身上的简单幼稚,剔除所拥有激情中的非理性成分,理智冷静地认识生活、分析教育,不意气用事;学会分析问题,学会居安思危,学会转危为安,不断找到改善的方法,完善自己的存在,让忧患与激情结合,从而慢慢地走向成熟,走向完善。教师的成长,需要自我激情的燃烧,显现为自信。自信靠的是发展自我,也需要比较中的进步。

　　原规则之三八:忧育人本质,患课堂效度,憧发展价值,这就是教育激情的基点。

➡ 案例4-2

　　A老师参加了区级赛课,获得了二等奖,自我感觉能在当年年度考核的"优秀"中排上名,继而而评上"优秀"了,高级聘任也就没问题了。于是在后来的工作中便有些松懈。不久，B老师在省级刊物上发表了一篇论文，另一篇论文在省小语专委会获得一等奖。A老师此时才感到自己的"优秀"将会成为他人的"囊中之物"，于是更进一步地强化课堂教学，积极总结教学中的成败得失，终于也有教学随笔公开发表。

"生于忧患，死于安乐"。A老师本以为"优秀"非自己莫属，结果差点被他人"拿去"。好在这位教师在这突如其来的打击面前，保持了清醒的头脑，从此发奋努力，从失望中崛起了。作为个体教师，自己的专业成长，时刻提醒自我，不能停步，成绩属于昨天，今天还需努力，明天贵在规划。实际上，一位对教育充满激情的教师，是不会被暂时的困难所击倒的；相反，他们还会把暂时的困难化为奋斗的激情，努力奋斗，走出困境，闯出真正属于自己的新天地来。

教师的忧患意识，"忧"什么？"患"什么？实践告诉我们：主要是忧育人方法，患课堂效度。教育激情始终处于忧育人、患课堂、憧发展之中，让人心中永远涌动着改变的冲动。忧育人本质的回归，患课堂效度的提升，憧发展价值的再现。育人是教育的灵魂，是改造人的基石。我们教师应思考育人的价值体系，体现育人的时代精神。可以这样说，教育如果离开了育人，就像树木缺少根系，不能及时传输养料和水分，就会干涸而竭。课堂是教育的重要媒体或介质，是教育激情燃烧中的外延。课堂的深度、效度决定着教育的高度，是教育激情燃烧之中的内焰，内焰的燃烧质量和外焰的高度相互缠绕，互为体现。内焰因外焰的形而得到彰显，外焰因内焰的神而得到飘扬。憧发展的永恒是改变，改变就是发展，发展就是基于传统，超越自我。

基于课堂,超越课堂,让课堂的质量提高,效度精确,效益长远,才能更好地为学生明天的成功奠基。营造平等、和谐的课堂环境、互助交流共享的学校环境和健康快乐幸福的成长环境,使学生个性的成长、学校的特色发展成为教育永恒的追求,这样的担忧和思考,将使教育激情燃烧之火焰更旺。忧患不是否定,而是基于现实的突破。站在教育的岗位上,我们从事的是太阳底下最光辉的职业,我们的忧患体现在工作中,体现在超越岗位、超越工作、超越职业,最终超越自我的实践中。教育本来就是一种忧患中的超越。

工作前的忧患意识,是做好工作所必需的。工作前,有了忧患的意识,就会千方百计,百计千方,预想到工作中可能遇到的一系列问题,工作起来就不至于忙乱,不至于心里无数,不至于临阵擦枪。就能打好这样的有准备之仗。在这个意义上来说,工作前的忧患意识,是教师做好每一项工作的重要前提。

2. 于工作中生成实践精神

精神是教师对教育认识的灵魂,实践是对教育激情的一种坚持。对每一人来说,做任何一件事,如果仅仅空是想而不去做,就根本不可能做好。世界上每一件东西,大到航空母舰、高楼大厦,小到一针一线,都是由一个个想法付诸实施所产生的结果。只想不做的人只能一事无成。凡事只要想去做就要立即行动,激情可以助你一臂之力。教育激情会产生教育冲动,教育冲动能引起教育行动,教育行动就是教育实践,它能实践教育的精神。

原规则之三九：坚持行动成就事业，也造就自己，这就是教育激情的生长点。

一位勤奋的艺术家为了不让任何一个想法溜掉，在他产生新的灵感时，他会立即把它记录下来——即使是在深夜，他也会这样做。他的这个习惯十分自然、毫不费力。一名优秀的员工其实就是一位艺术家，他对工作的热爱，立即行动的习惯，就像艺术家记录自己的灵感一样自然。

艺术家也罢，员工也罢，他们都有一个共同的特点：立即行动。因为他们懂得：行动才能成就事业，行动才能造就自己。只想不做，或者只说不做，一切都是枉然。

在平时，我们的一些教师常常找借口拖延，结果本来能办成的事情，一拖延，便失去了大好的机会。那位艺术家，他的成功，一个很重要的原因就是：在对艺术激情的驱使下，该做的事情，从不拖延。要避免拖延，最好的办法就是"立即行动"。一有任务，马上行动起来。不管工作有多难，我们都要立即行动，力争在实践中创造条件把事情做好。也只有在立即行动完成工作的同时，才能真正保持我们的激情。

➡ 案例4-3

有个人，每天都到教堂去祈祷，希望上帝能够让他中个500万。他祈祷了很长一段时间，愿望却一直没有实现。终于有一天，他忍耐不住问牧师："教父，为何我祈祷多日，上帝皆无答复于我？"牧师笑道："孩子，并非上帝未答复于你，只是，如果你想中500万，起码，要先去买张彩票。"

那位祈祷者,只是一味地进行祈祷,连最基本的"买彩票"的行动都没有,却想中大奖,岂不是痴人说梦?对财富有激情,却没有实际的行动,只能成为人们的笑柄。作为教师,要想取得优异的成绩,不能存在赌徒心理,不能整天进行着无行动的祈求。必须脚踏实地地去做工作,才有成功的希望。

拖延蚕食着教育激情,会让你的实践精神缺位。西班牙作家塞万提斯有句名言:"取道于等一等之路,走进去只能是永不之室"。这告诫我们在教育实践中要克服拖拉的毛病。

➡ 案例4-4

有这样一个故事:阿强和阿华大学毕业后,同时被一家公司聘任为产品工艺设计员。刚开始,公司为他们开出的薪水都很低。面对同样的薪水,两人采取不同的态度,阿强变得拖拉起来,而阿华主动抓住机会,把自己积极投入到激情的工作中去。结果是,拖拉的阿强碌碌无为,积极投入工作的阿华不断升迁。

同样的境况,不同的激情状态,行为和结果迥然不同。曾经有位哲学家说过这样一句话:"世界上最不费力的事就是拖延,把行动放在第二位。"在教育中,特别是在教育激情中,办事拖拉是最危险的习惯。拖拉的表现是什么?就是今天的事情明天做,现在的事情以后做,自己的事情等待别人做,能做的事一直拖着不做,而且,总是能为自己找到理由。其实,我们应该清醒地认识到,拖拉将使你的激情不复存在,让你的实践化为乌有。"业精于勤,荒于嬉"。我们应该远离拖拉的毛病,让教育激情的责任永驻你的行动中。

案例4-5

陆永康系贵州省三都水族自治县羊福乡一位普通的人民教师，65岁。在他40年的教师生涯中，有36年是跪着向学生上课的。

他所在之地是新阶段国家重点扶贫开发县，这里交通落后，信息闭塞，经济社会发展相对滞后，该县羊福乡更是国家一类贫困乡，人民生活十分贫苦，陆永康是这里土生土长的一位人民教师。

就在陆永康出生9个月时，小儿麻痹症让他从此下肢萎缩瘫痪，无法像正常人一样站立行走，但他没有放弃人生的理想与追求，他克服了常人难以想象的困难，付出了常人难以付出的艰辛，从一个民办教师到公办教师，再到一个优秀的共产党员、优秀教师。

几十年如一日，他就一直跪着求学、教书、家访……他9次获得各级表彰，还被省教育厅评为优秀教师。他用一个个感人至深的真情故事，感动着认识和了解他的每一个人。

陆永康以朝圣者一样的虔诚和坚韧创造了教育奇迹，他跪着行走，跪着求学、跪着自修，跪着执教。虽然是跪着，他却以挺拔的身躯，为山乡孩童撑起了那一片被知识和理想照亮的朗朗晴空，以坚持和责任影响并塑造着每一个学生，影响着身边许许多多站立着的人。

正是对教育的激情，让这位汉子用自己的实际行动，创造了一个又一个教育奇迹！

在教育工作中，借口将使教育激情丧失，让自己的实践精神错位。这也是当前一些教师的工作状态。"没有任何借口"，就是断绝一切后路，让自己积极行动起来，在行动中注入自己的个性，形成标杆的气质。历史上被称为"西楚霸王"的名将项羽具有非凡的勇气,他在一场关键性战役中,以寡敌众,他用船将士兵载往敌岸,卸下装备后,便下令把船全部烧掉。在正式攻击之前,他严肃地告诉士兵:"我们没有退路,只有非胜不可。"果不其然,他们胜利了。我们只有这样去追求自己的目标,才能在教育激情的实践之路上走向卓越。"没有借口"是美国西点军校200年奉行的最重要的行为准则。这样的核心就是敬业、责任、服从和诚实。这体现的就是教育激情的圭臬,体现的就是一种完美的实践行为,更多的是完美的执行力,也是一种负责、敬业的精神。千万别找借口!优秀的教师从不在工作中寻找任何借口,他们在任何时候都激情饱满,他们总是把每一项工作尽力做到超出自己的想象。教育就是一种态度,教育需要激情和行动,教育中的生命线就是没有借口的理性实践,在活动中培养自我。

理性的教育激情指引着教育实践。这是一个激情迸发的时代,我们虽然提出了许多富有教育激情的设想,但我们是不折不扣的现实主义者,理性主义者,我们没有完全被激情牵着走。课堂、活动构建了我们的现实,课堂上的实践是在师生和谐互动下,将知识转化为能力,促进师生之间、生生之间的立体交流的一种丰富内涵的活动,是理性的活动。活动中的实践过程是学生能力提高、思维转变的有效过程,也是理性不断成熟的过程。教师的实践是基于现实,源于对教育的理解。激情教育中的实践有自己的价值观,是具有独特个性的实践。教育激情指引下的实践精神是一种专业情结的体验。站稳课堂,生成课堂永远是教师的追求和思考。现实中,随着教师年龄的增长,教育的惰性会呈飘扬的趋势,其实,教师的思想有两种状态:激情和惰性。人的发展历程就是在这两者状态之间博弈的过程。当惰性对激情有压倒之趋势时，就是教师的发展出现拐点的时候。此时，能转变教师的就是靠教师在理性的课堂实践、德育活动中得到更新的认识和体验，让激情再度焕发光彩。

著名中学历史特级教师钱君端，在申报特级教师时，曾写道："博采众长，形成自己的教学风格"，这是一种我所追求的风格。

钱老师和教研组的老师以推进基础型课程中研究性学习为目标，以在现代教学技术的新平台上实施"问题教学法"为切入，确立为2000年"园丁课题"。……课题成果把100个案例编成一本《高中历史百问百解》的书，并获得全国历史教学研究会优秀成果奖。虽然由于教科书改变了，影响此项成果的推广，但是，钱老师觉得自己获得了四项突破——首先改变了教与学的依据，其次改变了教科书的功能，再次改变了传统的教师与学生凝固不变的角色定位，最后拓宽了历史教学的功能。这项课题改变了他的思维定势，使他"寓理于史，寓情于史"的教学风格在新课程理念的基础上更加富有时代性。

教学专业成长的一个很好的体现就是教师的教学风格。教学风格是教师在长期教学实践活动中逐渐养成的，它经历了一个艰苦的认识、锻炼和提高的过程。钱老师凭着自己对教育的那份热情，没有停止过对教学风格的追求，最后，他终于成功了，形成了自己独特的风格。

教育激情下的实践，最终走向自我更新的专业成长。教育是与人打交道的事业，虽然和人打交道的还有其他的职业，比如医生和病人，但这都不是和人的生命本质的亲密接触，所以，那站在学生成长历程中的教育实践是一项专业的事业。专业的事业需要专业的思维、专业的能力。而教师专业提升的唯一途径就是在实践中的自我更新。教师在学校中的专业活动有多种形式,有与学校领导的互动交流、同事之间的合作、与家长的接触等等,这些都是很专业的理性实践活动。我们可以这样说,教室是教师在学校的基本活动场所,课堂教学是教师的最基本的专业活动形式。教师专业上的自我更新,根基在于教师课堂上的专业生活。尽管每一位教师都有着相近的课堂教学活动形式,但它们对激情各异的教师的意义却大相径庭,对教师的自我更新和专业成长所产生的影响有天壤之别。教师专业思想、专业能力发展的拐点需要教育激情,需要有个性、价值的理性,更需要的是有自己独特的对课堂的理解或主张。激情中的教学不仅仅需要找到解决问题的方法,更多需要的是找到解决问题的具体办法,这就是教师实践的具体内涵之一。实践中的教育激情的使命应该是不断地提升自己,用自己的影响力去影响或改变孩子。

3. 于工作后生成反省品质

反省是对教育激情的理性把控。教育在激情燃烧中嬗变,反省是教育激情燃烧更旺的必然。教师的教育反省其实是一种反思能力,是一个不断摸索的过程。因为教育本身就是一个探索、实践的历程。教师有没有自我反省的能力、具不具备自我反省的品质,决定了教师能不能认识到自己所犯的错误,能不能改正所犯的错误,是否能够不断地学到新东西。教师把审视的目光投向我们的内心,通过激发内心强大的力量来改进自己的教育实践,从而达到自己个人与团队、学校组织的自我超越。这种超越是教师激情燃烧永恒的诉求,伴随教师激情燃烧直至永远。它是教师对教学行为具有个性的独到见解,是教师对教育实践具有理性的深度剖析,还是教师对教育精神超前意识的精确定位。教师对教育的反省需要独立思考,发现自我,挖掘潜能。反思让反省成为教师教育生命的自觉。

原规则之四十:教学后的积极反思、深刻剖析,反身精确定位,是教育激情的内化。

➡ 案例4-6

伟大的科学家爱因斯坦,14岁时,能够自学几何和微积分,在自学中一旦遇到困难,总是细心琢磨,反复思考,直到实在算不出来时才向别人请教:"给我指个方向吧!"但是不等人家开口,他就提出要求说:"不要把答案全部告诉我,留着让我思考!"后来,他成为了一位杰出的科学家。当人们赞誉他对人类做出巨大贡献时,爱因斯坦笑着说:"学习知识要善于思考,思考,再思考。我就是靠这个方法成为科学家的。"

爱因斯坦的"细心琢磨,反复思考"就包含着反省的意思。他不仅自己是这样,也教育下一代如此。因为他心里最明白,是"思考,思考,再思考"促成了自己的成功。

反省是人们对已有的认识进行内化的过程,是对自己曾经的思维过程以及思维结果进行再认识和检验的过程。今天对昨天的反思是为了使明天做得更好! 我们每一个教育工作者都必须像爱因斯坦一样学会反思,不断地反思,总结成败得失,进而扬其所长,避其所短。也唯有在不断地总结和反思中,提升自己的专业能力,才能让我们的教育生涯充满欢歌笑语,激情四射。

今天是一个价值多元、经济高速发展的社会,我们的教师难免处于浮躁之境地。学会反省自己,理性地分析自己,独立思考,精心规划,找准事业发展的切入点,能帮助我们走出浮躁的境地。在教师自我发展的历程中,实践者是教师,课堂是教师不可忽略的地方,对课堂中学生的培养和发展,要因人而异,分层达标。教师只有回归课堂,基于课堂,立足学生,反省课堂,才能实现师生共赢,这是教育激情的原点。

➡ 案例4-7

美国商界名流迪福森,45 岁以前一直是一个默默无闻的银行小职员。周围的人都认为他是一个毫无创造才能的庸人,甚至连他自己也看不起自己。然而,在 45 岁生日那天,他读报时搜到报上登载的一则故事,使他立下大志,决心成为大企业家。从此,他前后判若两人,迸发出以前从未有过的自信和顽强的毅力,他破除无所作为的思想,潜心研究企业管理,终于成为一个颇有名望的大企业家。

反省自己,发现自己,才能成就自己。迪福森和爱因斯坦,就是这方面的榜样。

人们常常埋怨社会埋没人才,其实,由于缺乏信心和勇气,安于现状,不思进取,自我埋没的相当普遍。作为教师,只要做到善于发现自己,努力奋斗,自己也可以走进优秀教师的行列的。所以,教师的自我认识对自己、对教育都很重要，它影响着教师教育激情的嬗变。如果教师多一点反省，多一点发现、信心、勇气和干劲，多一份胆略和毅力，就有可能促使自己身上处于休眠状态的潜能发挥出来，创造出连自己也感到吃惊的成功。

我们每个人都有巨大的潜能。人生最为可贵的就是善于发现自己的潜能，人生最大的遗憾莫过于没能利用自身的潜能和特长去创造奇迹。教师对自己的判断在很多时候是不准确的，而且误差比较大。教师如果以自我为中心，就会以挑剔的眼光来看待孩子，对孩子的教育也许会进入另外一个视角，让教育停留于表面，内涵浅薄。这就形成了教师对待自我以外的人和事的态度的基本格调。其实，每个人都喜欢别人的恭维，一句恭维的话能够让人兴奋很久。但我们有的教师爱感情用事，往往仅凭个人的主观理解去解决教育中的实际问题。

如何才能正确面对自己，开发潜能呢？教师首先要反省自己，认识自己，然后树立合理的目标。因为有了志向，就会对自己严格要求，就会克服教育上的任何困难，教师的聪明才智才会发挥出来。

"吾日三省吾身"。作为教师，我们每天都应该自我反省：学生的成长，我是不是尽心尽力了？自己与同事交往，是不是做到真诚了？今天，自己有进步吗？一个善于自我反省的教师，往往能够发现自己的优点和缺点，并扬长避短，发掘自己的最大潜能；而一个不善于自我反省的教师，则会一次又一次地犯同样的错误，不能很好地发挥自己的能力。

➡ 案例4-8

有一位小伙子,大学毕业后进入一家非常普通的公司工作。公司安排新员工从基层做起。他每天都认认真真地去做每一件领导交给的工作,而且还帮助其他员工去做一些最基础、最累的工作。由于他的态度端正,做事情往往更快更好。更难能可贵的是,小伙子是个非常有心的人,他对自己的工作有一个详细的记录,做什么事情时出现问题,他都记录下来,然后虚心地去请教老员工,由于他的态度和人缘都很好,大家也非常乐于帮助他。经过一年的磨炼,小伙子掌握了基层的全部工作要领,很快,他就被提拔为车间主任;又过了一年,他就成了部门的经理。而与他一起进去的其他员工,却还在基层抱怨着。

从原先的普通员工升迁到了部门的经理,这位小伙子靠的是什么? 靠的是不断自我反省的品质。经常的记录,经常的反省,工作的水平提高了,能力增强了,自然被提拔了。

每个人都会做一些平凡的事情,包括平凡的工作。这时候,如果只抱怨他人或环境,就不可能认真去做这件事,自然就不能取得成功。如果一个人愿意把自己放在一个平凡的岗位上,以自我改变为关键,不断反省自己,锁定目标,坚持努力,全身投入,成功就一定会青睐他。自我反省是教师成长的一个秘诀,学会自我反省的教师,就等于掌握了自我完善和健康成长的秘方。

自我反省就是自我超越,自我超越在很大程度上是在挖掘教师的潜力。挖掘教师的潜能就像是掘井,一旦看准了目标,就必须坚持,方能掘出清澈的泉水来。教师寻找自己生长的第二个起点,寻找发展的第二曲线的过程就是反省品质提升的历程。教师教育激情的燃烧和嬗变是循序渐进、螺旋进步的过程，教师的激情燃烧呈阶段性发展趋势，教师的教育激情始终是呈抛物线的发展状态。教师在教育激情满怀之时，处在抛物线的顶部开始寻找第二条抛物线的起点。教师反省品质的最佳表现就是能预测自己的将来。教师的反省不仅是对过去或以往的思考，更多是站在历史和今天看明天。所以，教师在教育生活中，其反省品质对个人的成长有着决定性的作用。

怎样才能成为有反省品质的教师？学习、阅读永远是激情教育反省品质提升的途径。如果一个教师对自己的教学行为缺乏理论的指导，教师的业务水平低下，连教学也不能居高临下，能说得上反省吗？只有不断学习，不断给自己充电，才能掌握扎实的理论知识，并用理论来指导教学行为，从而培养反省的品质。

4. 打造富有开放意识的人生

教师富有开放意识，是激情燃烧的必然结果。一个有激情的教师，全身会有着使不完的劲，对整个世界都充满好奇，并能对教育中他人的先进理论、先进经验虚心学习。

开放，需要交流沟通和理解。教育激情的开放内涵丰富，它是一种包容，是一种接纳和吸收。

原规则之四十一：对世界充满好奇，视野开阔，心态开放，是教育激情应有的状态。

有两种师傅是值得拜的，一是教学理论层面的，一是教学技术层面的。名师难求,农村教师多有这样的感触。说句真心话,在广大的农村学校,几乎大多数教师,在教学理论层面和技术层面,都处于同一个平台,真要向某一教师拜师,感觉意义不大。一些教师的经验表明:以开放的心态,通过网络平台,可以解决专业成长中的许多问题。身边没有师傅,我们可以借助网络联系上远在天边的一些名师。

➡ 案例4-9

重庆小钟被称为教研怪才、奇才。他利用网络,开放自己的思想,在网络上拜师。利用网络组建教育原规则研究团队,开展史无前例的教育原规则研究。因此,坐在家里便真正知晓天下事,他的成果不断涌现。仅2009年,他就编著出版了20多本教育著作,他自己也出版了两本个人专著,还受邀到河南郑州参加"2009年全国校长峰会",并做精彩演讲。教师,唯有具备开放意识,才能成就自己,成就教育,使自己的教育激情如充盈的活水。

小钟老师以自己对教育事业的一番激情,向整个外在世界开放,充分利用网络,与外面的世界广泛联系,成就了自己辉煌的人生。

教师的职业是一个永远都需要补充和更新的事业。"海不辞水,故成其大"。教师需要开放,开放自己的心态,开放自己的教育灵魂,开放自己的成长空间。教师要基于传统,放眼世界,着眼未来,想到世纪,反思自己。走向教育激情的重要途径就是开放。要先开放,先吸收外来的,才能更好地改变自己,进而步向卓越。这个世界上如果有什么是你知道而别人不知道的,是你已经做了而别人还没有想到的事情,你就稳操胜券了。不过,这来源于开放。

➡ 案例4-10

1979年6月，中国访问团去美国参观初级教育，写了3万字的报告，其中见闻录有：学生无不踌躇满志，有"我因我而不同凡响"的意味；小学二年级加减法还在扳手指头，就整天奢谈发明创造；在他们眼里，让地球掉个个儿好像都易如反掌。结论：美国的基础教育已经病入膏肓，可以预言，再过20年，中国的科技和文化必将赶上并超过这个所谓的超级大国。

同年，美国也派出考察团来中国。他们在看了北京、上海、西安等几所学校后也写了一份报告，见闻记录有：中国的学生喜欢早起，7点前在中国的大街上见到最多的是学生。中国学生有一种作业叫"家庭作业"，据一位中国教师的解释，它是学校作业在家庭中的延续。中国把考试分数最高的学生称为学习最优秀的学生，他们在学期结束时，一般会得到一张证书，其他人没有。结论：中国的学生是世界上最勤奋的，他们的学习成绩和任何一个国家同年级学生比较都是最好的，可以预测，再用20年的时间，中国在科技文化方面，必将把美国远远甩在后面。结果，20多年过去了，仅仅在1979年到1999年的20年间，美国"病入膏肓"的教育制度共培育了43位诺贝尔奖获得者和197位知识型亿万富翁。2003年产生的诺贝尔获得者，美国人占了一半。

开放的教育是对意见的吸收，对自己的反思。我们不知道美国人在知晓中国学生的勤奋刻苦之后所做的结论是基于什么样的思考。但是，面对中国人的评价，美国方面一定是有所反思和吸收的。近年来,美国政府不断反思本国的基础教育就是事实。相反地,一直以来,我们却一直坚持着"高等教育看美国,基础教育看中国"的论调。孰开放孰鄙陋一见便晓。

激情生成思考,思考明确不足,不足自然产生吸收的愿望。这些是开放意识的发萌。那么,教师的开放意识体现在哪里呢? 教师的开放是在教育中寻找差距。对我们每一个人而言,差距是客观存在的,是不容抹杀的,关键在于我们用着怎样的心态去对待。

改革开放以前,我们的媒体一直都在告诉每一个中国人:美国人民生活在水深火热之中,台湾人民生活在水深火热之中,资本主义世界的人民,都生活在水深火热之中。我们总是以一种封闭的心态,以一种夜郎自大的心态来对待自己的国家和所有其他国家。这是实行封闭政策的结果。后来,中国开放的大门打开了,我们才发现,原来整个世界都不是我们原先所认可的那样。

国家是这样,个人又何尝不是这样? 教师又何尝不是这样? "山外还有山""天外还有天",可我们每一个教师是否愿意把自己的"山"与他人的"山"进行比较,将自己的"天"与他人的"天"进行比较呢?

开放的心态,是一种比较的心态,是一勇于承认现实的心态,更是一种勇于否定自我,改变自我的心态。

在今天这个全面开放的大时代,锁闭自己,把自己仅仅局限于一隅的心理,都是与时代格格不入的,与教育发展以及自身的素质提升相矛盾的。

心态一开放,一比较,差距就产生了,自己到底处在怎样的位置上,心里就有底了;也明白该做哪些改进,该在哪些方面努力了。最终的结果是，自身的素质提高了，整个教育也向前推进了。

开放的教师首先是能寻找差距的教师。教师之间的差距是教师激情燃烧的点火器，教师之间的差距是教师激情嬗变的催化剂。地理环境之间的优劣让教师感受到教育因环境的不同而有不同的收获，这是教育激情均衡发展的原点；教师文化生活环境的不同，给教师的专业成长的历程留下深深的烙印，这是教育激情嬗变发展的基点。教育激情的燃烧，需要教师拥有开放意识。只有教师拥有开放意识，才能获取不同的资讯，决定教育激情燃烧的状态。一个教师要发展，大视野是第一关。大视野就是开放，教师心中应拥有世界，才能促进孩子全面发展，才能把孩子培养成走向世界，建设世界的人才。教师的开放意识确定教师对自己事业的定位，教师的开放意识将影响教师专业的水准，教师的开放意识能成就学校的规模，教师的开放意识能开拓学校发展的新方向。

开放意识体现在教师的研究状态。研究型教师是交流、分享、接纳素养极高的教师。研究型的教师，首先就必须具有开放的意识。他们明白：自己的研究处在怎样的水平，他人的相关研究又发展到了怎样的程度，他人有哪些既成的成果可以让我借鉴，他人的研究还存在哪些问题和不足，需要做出哪些改进；他人已经拥有的成果对自己又有什么启发等等。这些，都是一个研究型的教师需要思考的问题，否则，他们的研究就有可能与他人撞车、重复，造成人力与财力的浪费。所有这些，如果没有开放的心态，都是不可能做到的。

教育从接纳开始，交流和分享促进教师互相帮助和合作，改变教育的方式和形式，真正提高教育的功效。

开放就会形成教师的教育风格,开放更多地显现在教师教育激情与理性的结合上。激情和理性结合的生长点在课堂,课堂需要我们的品味,课堂需要我们的深度。教育激情燃烧是教育激情与理性融合的过程,理性地掌握教育规律,永远做教育规律的主人。

第三节　教育激情的坚守

"人生易老情难老",但要坚守住教育的激情,却并非一件容易的事。有的教师,激情像暴风骤雨,来得快,去得也急;有的教师,却能永远保持对教育的挚爱,对教育的激情。

怎样让自己的教育激情永远不减退呢? 坚守童心和享受教育,就是秘诀。

1.教育的激情在于坚守童心

教师要有积极昂扬的生命姿态。拥有一颗童心,做成熟人的事 。教育是生命影响生命、智慧点燃智慧、思维启迪思维的事业。教师能否拥有一个积极昂扬的生命姿态,对于受教育的学生来说至关重要。因为,教师的生命姿态直接影响着学生的生命姿态。只有教师的生命姿态积极昂扬起来,学生的生命姿态才有可能变得积极、昂扬、健康、向上、美善、亮丽起来。教师只有用童心去撞击孩子的童心,才会让教育更精彩。

原规则之四二：拥有一颗童心，用童心撞击孩子的童心，让教育更精彩。

那么，教师积极昂扬的生命姿态包含哪些重要因素呢？笔者认为，坚守童心最重要的莫过于阳光、激情与爱心了。

下面是浙江宁波一位优秀教师的教育日记：

➡ 案例4-11

今天上午，带孩子户外活动时，有个孩子告诉我："老师，朱丹踩小草了！"刚要批评她，转念一想，不如换个方式吧。"呀！小朋友看，这是什么呀？"我用手指着小草问。好多孩子围过来说："是小草！""对呀，春天来了，小草都发芽了，变绿了，是不是？""是！""我们一起来摸一摸，小草是什么样子？"孩子们都蹲下来，认真地用小手摸着并快乐地告诉我："老师，小草真软！""对呀，小草那么软，那么小，如果小朋友踩了它，它会怎样呢？"孩子们齐声回答："它会疼的，它会哭的。"我接着说："我们小朋友会去踩它，让它疼，让它哭吗？""不会！"孩子们的声音特别响亮，我高兴地笑了。

这个教育事例中的教师就有一颗孩子般的心，能与孩子们一起去发现大自然中美好的事物，进行启发式教育。他从孩子们的角度出发，与孩子们一起观察事物、分析事物，体验孩子般的情感，发现许多成人看不到的美好一面！做一个童心未泯的智者，做一个富有好奇心的乐教者，收获孩子们的笑，收获自己不老的青春。这正是我们老师要追求的境界——教师拥有童心，用童心的视角去解读孩子。

教师只有具有阳光的心态，才能拥有童心。和学生朝夕相处的教师必须拥有阳光心态。因为，教师良好的心理状态会显现出良好的师德行为。阳光心态就是豁达、大度、积极、开朗的心态，就是一种健康、平和、宽容、崇高、自信的心态，就是一种化尴尬为融洽、化压力为动力、化痛苦为愉悦的心态。阳光应该是自信、开朗、乐观、积极向上、不怕困难、开拓进取的代名词。阳光的人传递给他人的将是朝气蓬勃、昂扬向上、精力充沛、活力四射，他能让周围的人都感觉到快乐。教育事业是教育人、培养人、影响人的事业。一个教师是否具有快乐的心态，直接影响其工作的质量，影响学生一生的发展。阳光心态是透明的心态，是使同事放心、学生倾心的心态。阳光的心态能支撑起教师的精神，使教师始终友善待人，和同事坦诚与共，与学生融洽相处，从而达到教育的至高境界。

激情是童心飞扬的最好体现。激情是一种实现理想的积极情感和渴望挑战的精神状态。富有激情的教师始终表现为精力充沛，把自己的工作看做是最快乐最有意义的事情，能高效率、高质量地完成工作任务，且不知疲倦。教育事业是创造性的事业，而创造就来自教师的激情。教师应该怀着一颗火红炽热的心，认真负责地去对待教育事业，把精力用在教书育人的工作上，全神贯注于学生的健康成长。教师有了激情，才能用自己整个生命去拥抱教育，使自己的灵与肉与教育水乳交融；教师有了激情，才能对教育的痴迷达到忘我的境界；教师有了激情，才能用自己诚挚而火热的心去呵护学生的灵气，催化学生的创造；教师有了激情，才能用自己的智慧对学生的一生负责；教师有了激情，才会无限热爱教育事业，无限热爱所在的学校，无限热爱所教的学生。大凡激情洋溢的教师，对工作就有热情，对学校就有感情，对

学生就有亲情，并用激情谱写出教育的辉煌。也只有这样，教师才能拥有一颗金子般的童心。

爱，是教师童心的最佳体现。"没有爱，就没有教育。"爱心是为师者应具备的最基本的素质。爱心也是教育成功的基石。燃烧的教育激情的最高境界就是"以爱育爱"。教师的爱能使教育的内涵更丰满，能使教育的本质更理性，更能使教师童心永驻。只有当爱成为动词，只有当爱成为一种行动，教师的童心、童真、童趣才会展现出来，教师对教育的理解才会得到提升，教师对教育的钟情挚爱才能得到激发。所以我们说，教育的激情让教师的行为更充满关爱。

童心是一种远离和静守的教育激情。当扰攘和繁杂在师生之间暂时屏蔽的时候，交流和沟通、对话和感悟、师生之情缓缓流淌，轻快而舒缓，教师对孩子的关爱之情倾泻而出，学生对教师的感恩膜拜之情自然升腾。当爱之情弥漫于师生情感的上空，教育的坚守就会有新的体会和感悟。

童心慢慢地改变着教育激情的质地。它提供了最好的土壤，还有明媚的阳光和珍贵的雨露，促使教师把对教育的感悟的种子播种下去，进而吐芽、抽枝、开花、结果。

坚守童心是一种境界。童心二字的内涵太丰富了，有时只可意会，难以言传。只有教师自己亲身去体会，才能感知其中的美妙。童心是深入教育中的阳光，分射出丝丝光束，织出宜人的景致：校园里教师对孩子的循循善诱、谆谆教诲；孩子静静地学习、轻声地讨论；老师带领孩子去生命科学馆；老师的一个深情的注视，一句"天寒了，多加一件衣服"的关怀，一句"你是否还有问题"的追问……在老师和孩子之间,浸泡着童心,洋溢着欢乐,沐浴着纯真,滋润着甜蜜,这是多么和谐、幸福的教育境界啊。感受爱,回报爱,将整个人生奉献给教育,这就是教育激情的原点。

2. 因发挥好角色作用而享受教育

古往今来,人们常常把教师比作红烛,照亮别人,燃尽自己,正所谓"春蚕到死丝方尽,蜡炬成灰泪始干",这是对教师奉献精神的写照。

其实,作为教师,应更多地收获教育带给自己的充实和快乐。学生的快乐,自己的成长,都是教师的享受。

➡ 案例4-12

这世界上,如果由于自己的存在而多了一颗真诚、闪亮、美好的心灵,那我便获得了生存的幸福,有了一份生存的价值。"教师显然是最有利于培养真诚、善良、美好心灵的职业,于是我便迷上了教书。"

——魏书生

魏书生之所以迷上教育,就是因为他享受到了教育带来的美好,享受到了教育给自己的人生带来的亮丽。

原规则之四三:让课堂成为享受,共享孩子的真诚和闪亮,课堂更亮丽。

享受课堂,让教育激情得到充分燃烧。课堂其实就是教师生命的战场,课堂是教育激情释放的基地。在课堂上,教师完全可以享受到师生之间的真情流露:开课之初,教师的巧妙引导似在孩子的心塘里轻轻地抛下一颗小石子，激起一圈圈涟漪，越荡越远，孩子行走在探索之口；课中观点的碰撞、思维的接点、教师精的妙点拨似在孩子的脑海里重重地抛下一记重锚，掀起一波波浪花，孩子会徜徉在收获之中。成功的课堂好似教师的脸面，站稳课堂，享受课堂，享受课堂的激情四射，享受课堂的人生体现。有激情的教师，只要一听到上课铃声，就精神振奋，所有的疲劳都不翼而飞；只要一上讲台，就激情荡漾，浑身都洋溢着蓬勃的生气。这就是享受。

➡ 案例4-13

于永正，我国著名的小学语文特级教师。他善于运用饱含真情的赞美，营造出和谐的学习氛围，激发学生的学习兴趣，调动学生的积极思维。毫不吝啬地对学生的赞美，使他得到了学生的爱戴，获得了社会以及同行的赞誉，赢得了"中国的苏霍姆林斯基"的美誉。

享受学生，就是从赞美学生开始，在这方面，于老师为我们做出了榜样和示范。

实际上，在赞美学生的同时，教师也在享受着学生的精彩。作为教师，要关爱学生的成长，要用欣赏的眼光关注学生的每一点进步，用喜悦的心情去享受学生的成功。唯有享受，学生才能得到尊重。

赞美是世界上最美妙动听的音乐……每当这时，教育的激情由此而升腾。

角色是与人们的某种社会地位、身份相一致的一整套权利、义务的规范，它是人们对具有特定身份的人的行为期望，它构成社会群体或组织的基础。每种社会身份都伴随有特定的行为规范和行为模式，当个体产生为自己的社会身份所规定的行为时便充当了角色。教师也是如此。

现代社会,教师作为文化传承的执行者的基本职能并没有变,但他们却不再像以往那样直接以权威的身份向学生传递经验,而是通过间接的方式实现文化传递,以各种方式调动和引导学生参与学习活动,引导学生在自己精心设计的环境中进行探索,教师不再是单纯的传递者,而有可能同时作为学生的同伴、活动的组织者、学生学习过程的支持者和帮助者等等,教师的角色越来越向多重化方向发展。现代教师的角色主要有:设计者,指导者,促进者,组织者和管理者,伙伴,反思者和研究者。

我们作为当代教师,应该站在今天这个时代的高度,努力扮演好自己的多种角色,我们教育激情的燃烧,才能真正燃烧在正要处、关键时。

教师,只有自己的角色扮演到位,才能真正享受到教育所带来的快乐。

第四节　用激情提升教师的职业道德

教师对教育的激情,看似虚无缥缈,好像没有任何东西可以依凭,但它却是实实在在的。教师的职业中,对教育的激情,永远都是实实在在,切切实实的。

教师的教育激情,不论是从产生还是从发展的角度看,都与具体的对象联系在一起，从来就没有无所凭依的激情，从来也没有无缘无故的激情。

教师的教育激情，永远寄托在对学科的精益求精的追求上，也寄托在对课程的新的建构上。

老师，只要你拥有了对教育的激情，你就永远不虚空。

1. 激情永远对学科的影响

教育激情的本源是对学科的影响。只有自己的行为、思想能赋予学科教育一种改变或者一种触动，这样的教育激情才大气。同样，教师如果没有成为名师的渴望和冲动，对教育改革便很难产生一种执著的动力和持久的热情。当然，我所说的名师，不是那种很功利的成名成家，而是指具有这样的信念：努力把自己的班级和学校建设成为学生和自己的精神家园。在这个家园中，师生一起追求真知、奉献爱心、实现自我、感受欢乐和成功；都对自己的班级和学校充满着一种感激之情、一种眷念之情。如能达到这种境界，我想，这样的教师就可以说是名师了。

原规则之四四：学科情怀和学科素养的提升，是学科教学探寻和研究的永恒。

首先，名师的成长历程，是对学科教学的探寻。教育激情需要执著坚定、不言放弃的教育信念。在工作中不断树立新的目标，为了实现这个目标，不是固步自封，而是多方求教，不断充实自己；为了形成自己的教育思想和学科教学风格不是按部就班，而是全力以赴。对自己的学科的独特的看法和见解,在学科教学中的独特的充满智慧的行为,总是给教师一种新的感觉和高效的感触,对学科发展也将产生重大的影响。

➡ 案例4-14

夏青峰,江阴市英桥国际学校校长,党支部书记,江苏省特级教师,中学高级教师,江苏省陶行知研究会常务理事、小教专业委员会副理事长。

刚到华士中心小学不久,我费了很大的气力向学生解释一个概念,可学生就是不懂。无奈,第二节课请来了教导主任帮忙。没想到他只是简单的几句话,学生们就一下子明白了,一个孩子还兴奋地连声说:"好懂! 好懂! 真简单!"看着学生那茅塞顿开的样子,我的心受到了强烈的震撼。"你会成为一个优秀的教师",吴辰校长的话又响在耳边。从小不服输的我暗暗告诉自己:"只要你努力,你也能把数学课上得简单、快乐!"于是,很长一段时间内,我成了学校最谦虚的"学生",反复听老教师的课,一遍遍修改自己的教学设计,全身心扑到了数学教学的研究实践中。身在一线,我真切地体会到教学基本功的重要。为了练好粉笔字,我随身带块小黑板,几乎一有空就写,写了擦,擦了写;为了练好普通话,我干脆拜江阴电视台播音员为师;为了备好一节课,我苦苦思索,备教材,备学生,多少次备好,又多少次推翻,直到满意为止;为了上好第二天的课,夜深人静时,我还在对着墙壁一遍又一遍"试教"。为了拥有扎实的理论功底,建构属于自己的数学教学思想,我走进了学校图书馆,苏格拉底、卢梭、洛克、苏霍姆林斯基、陶行知等专家学者的鸿篇巨制开始走进我的视野。那是一段更为艰辛的阅读,因为,读理论无疑要有啃书的勇气和耐力。一次次烦躁地放下,又一次次珍爱地拿起,一遍遍对自己说:"读下去,读下去……"

——引自夏老师的文章

夏青峰老师的成功故事给了我们太多的感悟:教育激情是教师对学科忠诚的一种体现,是教师走向名师的历程中的心灵鸡汤。教育激情的燃烧,靠的是宠辱不惊,靠的是坚守自己的人生方向,实现自身的人生价值。"我是一个行者,步履轻盈,走在学科教育的路上。脸上常带微笑,心中充满阳光"。这就是教育激情在学科影响中的真切体现。作为教师,要让自己在学科中有一定的话语权,有一定的影响,让自己成为名师是一条必经之路。

教师构建自己的教学场,是教师对学科教学影响的又一重要途径。场,如电场、磁场等,看似无踪无影,但却能在一定范围内起着重要作用。

常见的教师课堂教学,有的如沐浴春风,学生在不知不觉中完成知识的构建;而有的课堂则乱哄哄的,教师的讲课声完全淹没在学生的嘈杂声中,教师也无可奈何。这说明,教师教学,也存在一定的场。的确,同一个班级,不同教师上课,场氛不同,效果迥异。

课堂上,有不怒自威的,有亲和淡定的;有的崇尚严管,有的外柔内刚,有的宽严失度,有的流程失控,甚至成为乱班乱堂,为此颇为苦恼的并非少见,甚至有的为此抱恨终生。可见,教师课堂教学中场的构建极为重要。在教学中形成不同的教学场,这是学科建设的有效途径。

其次,教育科研,让激情向学科建设挺进。研究,是对课堂和教育的一种信念和坚守,也是让教育激情发生质变的有效形式。在教师的职业生涯中,工作的目标在不同的阶段会发生不同的变化。作为教师每天面对的课堂,它面对的是一群活泼的孩子,教师的教育教学行为会影响孩子的成长。研究,能让教师的教育教学行为更为专业,更能解决学生成长发展的最基本的、最本质的问题。

小学语文教科书"有毒"。这是语文老师郭初阳的判断。为了支持这一结论,他和他的伙伴们刚刚出具了一份"化验报告"。检查样本,是目前国内广泛使用的人教版、北师大版及苏教版小学语文教材。这三个版本在市场上占据了约80%的份额。

郭初阳37岁,曾在杭州外国语学校当了6年的语文教师,目前是自由研究者。在他背后,有一个民间团队——第一线教育研究小组,集合了20多位中小学语文教师。简单来说,这个小组的任务是"给小学语文课本挑错儿、找茬儿",并"弘扬现代公民理念下的小学语文教学方法"。

第一线教育研究小组历时两年,收集、分析了300多篇课文。这些课文来自2002年~2009年期间的上述3个版本小学语文教材。他们对"有毒"的课文进行打分,从0分至~5分,同时按照"毒性"等级,以武侠世界的毒药命名,例如断肠草、软金散等。最后形成的《化验报告:中国孩子的教科书》在扉页用3号黑体字写道:"我们正在给孩子们吃错药!"在他看来,北师大版二年级上册课文《流动的画》让母亲化身面目僵硬的政治教员,教育孩子,火车的"窗外是祖国的画,千万不能弄脏它!"北师大版三年级上册的《一朵小花》,则拼命向孩子灌输"只要当配角，不要争主角"的道理。

"现代社会要求孩子们自信，自强，勇于争取。这些课文已经滞后了。"

一个曾经的普通教师，今日的自由研究者，怀着对教育的深情和负责的态度，敢于向传统的经典课文提出质疑，向传统挑战，这是需要勇气的。相信，他的这一举动，必将对我们语文学科的发展产生重要的影响。

"机遇总是垂青那些有准备的头脑。"敬业精神可以使功底增强，可以让才华得以发挥。研究让教育激情迸发，勤奋是激情迸发的原动力。

一线教师对学科的影响，还体现在创立有特色的教学流派上。因为新的教学流派的创立，可以大大丰富学科教学理论的内容，大大推进科学的向前发展。例如初中语文教学，就是因为许多一线教师创立了各具特色的教学理论，才使得初中语文教学呈现出勃勃的生机。

2. 激情永远深化课程的建构

课程永远都不是既定的，而是永远处在建构与发展的过程中。这是新课程给我们的重要理念。

谁来建构与发展新课程？一线教师，永远都是一支重要的力量。但这又并不意味着所有的一线教师都有这样的能力。只有那些激情满怀，又拥有较强专业水平的教师才能去实现。

激情燃烧的教师，其魅力，其专业水准，不仅仅体现在教育教学工作中，更体现在对课程的建构上。

原规则之四五：教师最终和最高的发展，是课程能力的建设。

在建构课程方面，激情燃烧的教师，有着发挥作用的巨大的空间。对国家课程，一线教师可以提出自己的有效意见和建议，使课程的设置和教材的编制更科学，更合理。

➡ 案例4-15

人教版九年义务教育课程标准初中《语文》教材已经在全国实验多年，目前面临着新一轮修订工作。为了使教材的修订更加完善，使教材所选课文更加符合教学要求及学生发展的需要，我们拟通过人教网推出"我为人教版推荐新课文"活动。

本次活动立足于人教版正在使用的初中语文教材，围绕教材所设定的单元，根据单元主题进行推荐（如某些文章虽然不能放入所设定单元，但确实精美可读，亦可推荐）。要求如下：

1. 应是人教版或其他版本语文教材从未使用过的文章；

2. 应配合单元主题及训练重点（单元主题见附件）；

3. 应体现时代精神、适合中学阶段学生的心理特点；

4. 语言文字、结构布局、思想内容等方面均堪称典范；

5. 以中国现当代作品、外国作品为主。

本次活动从网络发布之日起至2010年8月31日止，欢迎关注中学语文教育事业的各方面人士广泛参与。

所推荐文章经专家讨论，一旦人教版教材在新一轮修订中正式选用，我们将发放证书，并适时邀请推荐者参与人教社中语室的相关教研活动。

教材建设是课程建构的重要内容。人民教育出版社向所有语文教师征集适合选入教材的文章，这是一项有意义的活动。所有对课程的建构有兴趣，又有能力的教师，都可以参与。

一线教师对学科的影响，还体现在直接参与教材的编写上。

新课程改革实施以来，教材的编写引入了竞争机制，一些出版社纷纷编写自己的教材。他们的编写都有一个共同的特点：让一线教师参与。在有的省份，甚至还让一线教师担任教材的主编，让他们直接主持教材的编写。可以想象，让这些一线教师直接参与教材编写的行为，一定会对学科的发展产生重大的影响。

编制地方课程，是激情燃烧的教师建构课程的又一途径。新课程建立了三级课程体系：国家课程、地方课程和校本课程。这样的课程体系，就为一线教师参与课程的建构，拓展了巨大的空间。

地方课程的开发，虽然是由地方教育行政部门编制的，但从实际参与编写的人员来看，大多数都是来自一线的教师。这些教师，大多是当地特级教师、学科带头人或骨干教师。这些教师，大多都专业素养较高，对教育事业充满激情。

校本课程开发，是教师对课程建构的又一重要形式。校本课程具有鲜明的地方性、灵活多样性、实用性，是素质教育中重要的一环。编制校本课程，这更是激情燃烧的教师人生的又一大舞台，许多教师在这个舞台上，演出了精彩的剧目。

案例4-16

某农村小学,是一所乡级学校,开发了一套很有地方特色的校本教材。该教材名为《千年古镇披新装》。教材前面有"编写说明",交代了编写目的、资料来源、使用说明等。教材共分二十课,在每一课的后面还有思考与练习题,让学生思考。比如有这样一个思考题:假如让我当乡长。请你谈谈如果你来当本乡的乡长,你将会怎样建设好你的家乡?

这是由一名退休教师编写的一本很有价值的教材。它的主要意义在于培养学生热爱家乡的感情。教材使用以来,学生非常感兴趣。

这本校本教材的编写者,就是一位对教育有着浓烈激情的人。本来已经退休在家,但仍然对家乡的教育有着浓厚的兴趣。他编写的这本教材,让孩子们认识了自己的家乡,激发了对家乡的热爱之情。同时,也丰富了课程的内容,为课程的建设和发展尽了自己的微薄之力。

教师不仅是对课程的开发,对课程的教学也可以发挥其主观能动性,以为校本课程的动态发展贡献智慧。

案例4-17

在一所学校,黄老师执教的学校民族文化课程《故宫》,教学内容独特且富创意,彰显出学校的民族文化特色。本课从故宫的历史、到故宫的建筑、再到历史故事和历史价值等,引导学生以活泼生动的学习方式进行探究。学生们对故宫的历史、故事、建筑、价值、民族文化等诸多内容有了一个初步、系统的了解,激发了他们进一步探究民族文化的兴趣，传承优秀的民族文化。

在另一所学校，郑新欣老师执教的环境教育《餐桌上的剩饭》，教学内容来自生活，教学设计回归生活，活动指导生活，活动过程鲜活有趣。本课涉及的信息量大，教师也适当地补充了相关资料。活动前让学生进行了课前调查，收集来自生活中的资料，培养了学生收集信息整理信息的能力，并为课堂学习做了充分的准备。在小组活动中发挥学生主动性，给学生充分展示自己的舞台，培养孩子养成开动脑筋用所学知识解决身边问题的习惯。

从课堂的精彩导入到学生的合作探究，从学生查阅的大量富有价值的资料到各小组形式多样、独出心裁的精彩展示等，都给人以视觉的冲击和心灵的震撼。教师充分认识到地、校课程的重要性，将安全教育、环境教育、传统文化和人生规划等教育内容归并入校本课程中，凸显了丰厚的课程意识。

校本课程教学要充分体现爱国主义教育于教学中。教育要达到培养学生爱家乡、爱人民、爱祖国的教育目的。学生只有爱自己的学校、爱自己的家乡，才能真正爱自己的祖国。一个对自己学校、家乡都没有感情的人，很难想象他会热爱自己的祖国。为增加校本课程的丰富性，教师可以采取邀请当地社会名流作报告、亲身实践调查等多种有效形式，让学生体会校本课程课堂教学的丰富知识。

课程资源的有效开发，也是激情燃烧的教师进行课程建构的一大领域。新课程实施以来，课程资源的开发，已然成为课程建设中的一大重要内容。几年的实践证明：课程资源的开发，大大丰富了课程的内容。

　　一所学校的许多孩子都喜欢玩一种"神奇宝贝"或是"数码宝贝"的卡片游戏,在游戏中比谁的宝贝级别高,谁的宝贝技能全,能抵御别人的卡片宝贝威力的就胜利了,在游戏中宝贝还可以不断升级。从学生的游戏中有位教师得到了很大的启发,于是也在任务设计时使用了"升级卡"的方法。通过设置不同级别的任务,让学生去完成,完成者就可以获得一个虚拟的卡通宝贝。这样一来,学生的学习兴趣有了显著提高,学习的驱动力推动着他们向更高的任务挑战。"升级卡"不仅适用于学生独立的学习,还适用于小组的合作学习。通过合作成功的小组也可以升级为"PC 小分队"、"超级小分队"等,也发给他们相应的标志物表示肯定。经过一时间的实验教学,他不仅开发了一些"升级卡片"学习任务,还制作了一些"冲关式"的学习课件,同样取得了很好的效果。

　　这位教师是一个有心人,也是真正热爱教育事业的人。正是因为对教育的热爱,他才会去认真琢磨,努力思考。终于,在自己的努力下,开发了具有自身特点的课程资源,取得了很好的教学效果。他的做法,大大丰富了课程的内容,为课程的建构贡献了自己的智慧。

章节感言 回归教育激情的原点

教育的发展必须回归原点，这是教育激情燃烧的必然，也是当前有识之士的呼唤。

原点在哪里？在教师对职业的认同。

当前，教师职业道德的建设，早已列入了各级各类学校的日常工作之中，成为学校工作的一个侧重点。因为我们越来越发现：我们的一些教师，对自己的工作，对自己的事情，不是从职业本身的需要出发，而是游离于教育工作的实际需要。就是说，他们的所作所为没有从职业本身的需要着眼。这样做的必然结果就是：一些教师越来越缺乏教育的激情，所以，就谈不上对工作本身的投入了。

教师如果没有对职业的基本认同，其所做的一切，就不仅仅是因为职业的需要，而是另有目的了，就更不用说去为其坚守一辈子。

第五讲　激情燃烧的生命年轮

教师的持续进步和发展需要满腔的激情来支撑。激情就像花儿的根系,没有它来吸收养分,无论多么娇艳的花儿都会枯萎、凋谢。如此这样,教师的平庸就不难理解了。

著名特级教师闫学说过:"我一直坚信,不管我们是出于一种什么样的机缘而加入了教师队伍,只要我们还在这个队伍中,我们就一定会渴望成长,尽管在很多时候,这种渴望并没有被明确地表白,而只是存留于我们的内心深处。"渴望成长的过程就是激情燃烧的过程,这朴素的话语其实就是在向我们阐释一个浅显易懂而又耐人寻味的道理:教师,选择了教育就注定要执著今生的追求,就注定今生在教育行程中燃烧激情。

当然,激情燃烧绝不是对教育工作的顶礼膜拜,更不是对教育教学的狂热追捧,它其实是一种爱,一种情,一种信仰,一种探索,一种执著,一种思索,是对学生的关心、关怀与关注,是站在讲台指点江山舍我其谁的自信,是"人生为一大事来"的对生命教育的负责,是为生命奠基做出忠实负责的态度,是尊重教育规律并勇于打破常规的睿智首创之举，是对"春蚕到死丝方尽，蜡炬成灰泪始干"的奉献精神的绝对践行和教育主人公精神的认识——否定——否定之否定的过程。

青年教师、中年教师、老年教师，是教师职业生涯的三个不同阶段，但是激情，却贯穿于一名优秀教师职业生涯的全过程。三段不同的人生历程，教师的激情分别处于怎样的状态？对教师又有着怎样的意义？本章将为大家揭开这个谜。

第一节　青年教师需凭借激情站稳

青春，是人生最富有激情的阶段。选择了教师这一职业，是人生的一大幸事，不仅仅是因为自己从此就拥有了一份神圣的沉甸甸的使命，更重要的是自己选择了更富有挑战性的人生舞台。因为你想不断提高学生的素养，就必须先努力提高自己；要更好地规范学生的习惯，就必须先有效地使自己规范起来；要使学生端满"一碗水"，就必须督促自己，使自己拥有一桶水、一缸水，或拥有一口井的源头活水。所以，一位优秀的教师，在不断反思自己影响学生的同时，也会看到自己所得到的学识力量、学习力量和业务力量。这就是学习，就是激情作用下对教学实质和教育精髓的顿悟。

对于每一个立志做一名教师和初为人师的朋友来说，青年时代的激情对于教师职业的规划和教师素养的提高都具有深远的影响和意义。

1. 青年时代好学方才张扬激情

对于刚参加工作的青年教师来说,在熙熙攘攘的社会交际中,会对很多事物感到新奇,也会对很多的现象感到困惑:如交际的学问,生活情感的彷徨,教育技巧上的生硬,教学手段的粗糙等等。这种种疑惑和不解,都需要我们时刻做好学习——学习——再学习的准备。

原规则之四六:青年教师,不妨大胆地指点江山、激扬文字,才有望成就自己。

案例5-1

发明家爱迪生出身低微,家境也很是贫困。据说他只上过 3 个月的小学,老师常常被他古怪的问题问得张口结舌,竟然有一天当着爱迪生母亲的面说他是个傻瓜,将来一定难有什么出息。母亲一气之下让他退学,由自己亲自教育。退学之后,爱迪生的天资得以充分地展露。在母亲的指导下,他阅读了大量的书籍,并在家中建起了一个属于自己的小实验室。为筹措实验室的必要开支,他只得外出打工,当报童、卖报纸。最后用积攒的钱在火车的行李车厢建了个小实验室,继续做化学实验研究。

后来,化学药品起火,几乎把这个车厢烧掉。暴怒的行李员把爱迪生的实验设备都扔下车去,还狠狠打了他几记耳光,让爱迪生因此终生耳聋。

爱迪生一生勤奋好学,善于思考,努力工作,75 岁还每天准时到实验室签到上班。他几乎每天都要工作十几个小时，晚间在书房读三至五小时书，若用平常人一生的活动时间来计算，他的生命已经成倍地延长了。因此，爱迪生在79岁生日的那天，他骄傲地对人们说，我已经是135岁的人了。他活到84岁，一生中的发明有1100项之多，其中最大的贡献是发明留声机和自动电报机，实验并改进了白炽灯和电话。

爱迪生的成功，很大程度上应该归功于他的"专注"和执著。对于青年教师而言，我们就应该像爱迪生一样，弱水三千，只取一瓢饮，"有的而学"。青年教师要学什么？很简单，青年教师要学会如何上课。青年教师最薄弱的阵地就是课堂，课堂的教学机智，课堂的语言组织，课堂的流程设计，这都是他们需要虚心学习的。

可以肯定地说，多读书是青年教师成为优秀教师的明智之举。依靠读书成就自己，用书香包装自己，更是他们获取课堂艺术，体味教学真谛的捷径。那些能够提升教师个人素养的书，教师要用心去读，就像西方虔诚的信徒用一生来读《圣经》那样，常读常新。在一次又一次的阅读中不断有新的发现，这是一种难得的阅读体验，它既可从轻松阅读中发现愉悦、轻逸、趣味，令人捧腹，令人莞尔，也可从沉重阅读中发现生命内部的震撼，灵魂的激荡风暴，这样，课堂的艺术也在潜移默化中领悟、消化并学以致用。

青年教师还要学会留心生活、时时刻刻具有学习的意识和准备。

一个不强烈渴望自我丰富、自我更新的教师，很难想象他的课堂是丰富的，也很难相信他的教育是精彩的，更谈不上其自身会具有什么可喜的变化与吸引人的魅力。这样的教师也很难在教育教学这条道路上走得很远、很宽。

时时处处皆教育，事事人人皆教育，这是我们在教育学生的时候所要秉承的理念，也应该是我们所应有的学习态度。只要我们首先承认自己是在生活，那么我们就无一例外、无时无刻不是处在教育中，处在自身的不断学习中。人类社会之所以能不断发展，是因为人类能很聪慧地站在前人或者说巨人的肩膀上进一步发展。所以，一名优秀的教师要学会吸收、借鉴别人的成功经验。青年教师则更要善于学习，特别是学习身边同事的成功经验。

➡ 案例5-2

有一名叫吴丽英的教师，她曾在一所乡镇小学任教。2002年，她以建阳市第二名的成绩考进了建阳实验小学任教。这里的教学环境跟农村完全不一样，班级学生多，周围的老师又都非常优秀，面对这个崭新的环境，让吴丽英感到了前所未有的压力。对于吴丽英的情况，建阳实验小学的领导及时给予了关注。他们多次找吴丽英谈心，并以"传帮带"的形式派出老教师、副校长魏生顺作为指导老师，帮吴丽英树立信心。在指导教师的热心帮助下，吴老师虚心好学，刻苦磨炼。学校每年都会举行"送教下乡"、上公开课、录像课等评比活动，吴丽英非常珍惜这些机会，每次都主动请缨，积极争取。有时，为了一个有创意的课件，她会琢磨好几天。

辛苦的付出，必然有丰厚的收获，从2006年开始，吴丽英就迎来了她收获的季节。2007年她执教的《有趣的余数》一课在全省录像课评选中获一等奖，2008年执教的公开课《走进奥运》、《什么是周长》获全省一等奖。《什么是周长》还获得教育部组织的全国新课程优秀课例比赛二等奖的好成绩。

吴老师的成长是迅捷的，无疑，吴老师是成功的学习者，是青年教师学习的典范。教学中，我们学习他人经验，关键要找出自己与别人的差距。别人教育教学突出，要通过分析找到他人突出在什么地方；自己欠缺，究竟又欠缺在哪里。如：教材处理、教学过程的设计、教学方法的选择、板书设计、教学基本功、突发事件、班级管理、师生交流等方面，要把自己的和别人的做法多作一些比较，推敲一下彼此之间有什么不同？比较鉴别，找到自己努力的方向，找准恰当的着力点。这样，我们的成长才会更有力度，更有质感。

青年教师还须知，一切艺术皆源于模仿，一个好学的教师要学会模仿，因为我们不是"无师自通"的天才。青年教师要从自身实际和学生实际出发，一是消化吸收，简单模仿；二是发展创新，形成自我。只有这样不机械照搬地盲目吸收，才能把别人的经验真正学到手，才能真正发展和提高自己的教育教学能力。模仿可以是一招一式，也可以是一笑一颦；可以是生动的课堂评价，也可以是丰富的体态语言，只要能从他人身上得到与自身产生共鸣的优点、长处都可以模仿。对青年教师而言，这是学会"走路"的初级阶段。

常言道，活到老，学到老。学习就像是加油加餐一样，教师只有热爱学习并不断学习，才能拥有无穷的生机和活力，才能品味出学习的乐趣和教人学习的情致来，同样，青年时代好学方才张扬教育的活力与激情。

2.爱岗实是用激情书写着自我实力

做教师注定要跟孩子们打交道。如果你不爱孩子,不爱教育,不爱教师这个职业,那么你会把当教师的工作看作是一个无比辛苦、枯燥的活儿,你也注定不会成为一个爱岗的"好老师"。爱岗,简单地说就是热爱自己的事业,喜爱自己的学生。"只要心中充满爱,哪个孩子都可爱。"我们教师要尊重学生的人格,蹲下身子平等地和学生对话;要露出微笑,深情地和学生交流。在学生成功时,给以赏识;在学生失败时,给以鼓励;在学生危难时,用生命为他们撑起一片蓝天……

原规则之四七:在教育的阵地上,爱岗是走向成功的基石和保障。

案例5-3

有这样一个教育故事,一位班主任教师,他在检查学生宿舍时发现了几个烟头,经查确系本班的几位学生违纪留下的痕迹。按照惯例,应该让学生写检查、通知家长、上报学校给予纪律处分等处理程序。但这位班主任在冷静地思考之后,面对惴惴不安的学生说:"现在教给你们一项非常重要的任务,多渠道搜集吸烟有害健康的材料,做成宣传版面,两周内必须在校园内公开展览,如果完成得好就取消对你们的处罚。"两周后,图文并茂、制作精美的"吸烟有害健康"的宣传版面引起了全校师生的关注,成为对学生进行"吸烟有害健康"教育中不可多得的教育载体,取得了良好的教育效果。

"老师,您还处罚我们吗?"

"这不是最好的处罚吗?"这位教师指着宣传版面说。

批评也可以是甜的。我们不敢断言这几位同学此后将一定会与吸烟诀别,但是可以肯定的是,老师这种"美丽的惩罚",其教育效果远远好于常规的批评惩罚。

这样的教育过程蕴含着老师的教育智慧和教育艺术,蕴含着教师对孩子们深深的爱。

当我们挑灯苦熬,精心备课,竭尽所能传授学生知识时,却发现他们的热情并不高,眼神似乎依然麻木;当我们意气风发、情真意切之时,却发现调皮的孩子依然我行我素,对此我们可能有说不出的恼火、伤心,但我们不能失望,也不能悲观。因为,作为老师,我们就要承受这样的失落,哪怕是一百次、一千次,记住,小孩子犯错误,连上帝都会原谅。只有拥有这样的爱心和热情,教育的艺术手段才会不断上升,教育效果才更加理想。

借用艾青的一句名言:"为什么我的眼里常含有泪水? 因为我对这土地爱得深沉。"我们执著,是因为我们对教育事业爱得同样深沉。

因为有爱,我们的教育才更生动;因为有爱,我们的教学才更精彩。

➡ 案例5-4

请看这样一个成功的教学片断:

王老师在教授小语第二册《世界多美呀》,她领着学生和文中的"小鸡"一起"欣赏"课文描绘的美好的世界,美美地朗读课文。

在学生有感情地朗读好课文的基础上，王老师让学生寻找本课中与以往课文不同的地方。学生很快找到了一个陌生的符号——六个点，王老师在黑板上重重地点上"……"，此时王老师试探性地问："这是什么？"有学生说是标点符号，有学生说不是，于是学生发生了争执。说是标点的学生认为每句话最后都应该有标点；说不是标点的学生认为没有六个点的标点。他们谁也说服不了对方，都把目光投向王老师，等待"裁决"。

王老师微笑着，表扬学生会动脑筋，然后告诉孩子们："这是一个标点，它的名字叫……"话音未落，下面突然响起一声"这叫小点号"。"不，应该叫六点号。"学生再一次进行了争论，并再一次等王老师的"裁决"。怎么办？是直接告诉他们，还是让他们再读课文，启发他们去探索？尝试一下，也没坏处。于是，王老师决定让学生把课文又读了几遍，并讨论一下，这里为什么用这个符号。

学生兴趣盎然，教室里顿时书声琅琅，同座位学生还不时交流着。不一会儿，就有学生举起了小手。"我认为这里没有写完。""美好的世界里还有很多美的东西。""如果让你写，你还想写什么？"王老师进一步启发着。"我会写：白云是白白的。""我还要写花儿是红彤彤的。""要是我写……"学生结合自己的经验在续写课文。

这时，王老师再次问学生："你觉得这个标点应该叫什么名儿呢？"有学生立即说："叫省号。""叫去号。""叫丢号。"王老师告诉学生，还可以用三个字去说。又有学生冲口而出："省略号。""省去号。"王老师立即带头给学生鼓掌，教室里掌声一片。

课堂不是单向的信息传递，而是积极引导学生进行自主的、探究的和合作的学习,把学习的主动权还给学生,给学生有个性的学习提供空间。王老师让我们目睹了让人感到欣喜的课堂,也看到了让人感受到充满活力蕴含魅力的成功教师的形象。相信这位老师是爱自己的课堂的,因为只有爱自己的课堂,她才允许学生自由表达,她才会用心倾听孩子的语言,才会关注学生的生命发展,才会成就课堂的精彩。

教师只有真心爱自己的职业,进而将其作为今生的事业,并把它作为生命历程中不可多得的生命密码来关注、破译,才会在教育教学中充满工作的激情、创新的激情,才会在职业道路中经得起考验。

我们热爱学生,我们奉献事业,我们在教育教学中所做的种种,不妨冷静地沉下心来,悉数我们在教育教学中的得失,沉淀我们的教学行为,提炼其教育教学经验,"留一只眼睛给自己",也"留一只眼睛给教育"。善于反思、思考,也是一种对教育真实而深沉的爱。

一个爱岗敬业的教师,由于其对教育的执著,就情愿为之奉献、为之奋斗,当然教育蕴含激情也就水到渠成了。在此激发并喷发激情的过程中,教师的能力当然也得到了提高,整体素质也得到了提升。其实,爱岗实际上是用激情书写着自我实力。

第二节　中年教师有激情方显成熟

理想和世俗是一对矛盾体,无论任何时期,理想都是为了把世界改造得比昨天、今天更为美好,也为了让自己的生命具备恒久的意义。

然而在我们的周围,教师的理想往往在日积月累、周而复始的教学活动中钝化，尤其是人到中年之时，教师的信念在教育体制或教育现状面前淡化，不少教师经历着让人消沉的职业倦怠。面对无法消除的职业倦怠与现时代的精神危机，教师是自甘沉沦还是自我救赎？答案是显而易见的，教育要有激情，教师永远要做一个充满激情的有理想的思考者和探索者，特别是在血流热烈的中年时代更应该如此。理想的实现更需要激情这台发动机，无论何时、无论何地。

1. 追逐教育激情中年时代方显敬业

"人到中年万事休"，这是很多人到了中年时期的一种心态。有一些教师，还没到中年，心态就已经老了。到了中年，就更不用说了，仿佛自己已经到了日薄西山的时候，总感到自己的无能为力。也有一些教师，到了中年，该得的都得到了，感觉人生再没有奋斗目标，没有新的希望了，于是，也就得过且过。还有一些教师，"刀枪入库，马放南山"，已经是高级教师了，我还用得着那么卖力吗？临近退休了，还用得着我吗？这的确是一部分中老年教师的心态。

孔子云"三十而立，四十而不惑，五十而知天命，六十而耳顺，七十而从心所欲。不逾矩。"四五十岁，正是成熟的年龄，更是干事业的大好年龄。作为教师，我们应该像年轻时一样，保持旺盛的生命活力，立足自己本职岗位，发挥自己的才智，轰轰烈烈地干一番。

从本质意义上说，教师的成长是一个蜕变的过程，这就意味着必须经过长期的生长、积淀。这一过程意味着教师必须一天天地认同这份职业，将自己人生的意义编织到学生的成长中去；意味着教师日渐拥有一份对于职业、学生以及自身的信任、信念乃至信仰，从而勇敢地担当起此一职业所赋予自己的责任。

原规则之四八："人到中年事未休"，教师中年时的教育激情更是血气方刚沉淀后的责任和执著。

中年是教师职业生涯中成就与困惑并存的非凡时期。中年教师具有一定的工作经验，在教学方法、教学组织和实施等方面有了丰富的积累，更善于关注学生，更能准确把握学生的生理和心理节奏，更容易解读学生的语言和动作，对自己的工作能力更自信。但是，不可否认，很多中年教师在踏入教师这个行业之初，都曾怀着美好浪漫的憧憬，虽然心怀忐忑甚至恐惧，但在内心深处相信自己能够最大限度地使学生得到发展，使自己的生命获得丰收，实现自己人生的价值。

也许，这种昔日的信念会被现实的复杂性与残酷性所粉碎，挫败后的无力感很容易使自己边缘化，它会摧毁教师最初对自己以及学生的信任，进而消沉、彷徨。如何消逝这些出现在中年教师身上的消沉和彷徨？充满激情地走好敬业的每一段路程，就是一个明智的抉择。

敬业是一个很虔诚的思想境界，不仅仅是指教师自觉地把自己融入到教育教学中去，用心去感悟教育教学活动中的真理与奥妙，更主要的是若干年后在职业高原出现之后依然可以拥有和保持这一种虔诚和真情，正如魏书生老师一样。

➡ 案例5-5

享誉全国的教育改革家魏书生老师，曾激起了无数崇拜者的惊喜与羡慕。但实事求是地讲，作为引领我们语文教学乃至整个教育工作的名家大师，他在理论上并没有独特的建树，在语文教改方面只是一棵"知识树"，即知识系统化，只是换了种表述而已；教学上只是一个模式，即"定向—自学—讨论—答疑—自测—自结"，甚至我们普通教师也能提出这些。然而魏书生只因为成为魏书生，他是脚踏实地干出来的，而不是"理论"出来的。他始终不渝地实践着谁都明白的"教书育人"和"教是为了不教"的道理。他的论述像"白猫黑猫抓住老鼠就是好猫"一样通俗易懂，那样切近规律；他的课堂教学是朴实的，但朴实得却令专家、令同行折服。

我们普通教师同魏书生确实有区别，但区别在哪里呢？就在于一个"做"字上。成功永远取决于你做不做，而不是能不能。成就一名优秀的教师同样是这样，用心做，用胸怀个人职业归属的敬畏去做好教育。魏书生老师在做这些事情的时候，差不多就快到中年了，但他的教育激情并没有减退，而是一如既往，仍然痴情于自己经过多次选择才如愿的这份职业，并终于把这份职业"做大做强"。魏书生老师的成功，让我们不得不思考中年教师的敬业。

选择了教师，就应该充分认识到教师职责的神圣，不管人们已经重复了多少遍对教师的赞誉——"教师是太阳底下最光辉的职业"，"教师是人类灵魂的工程师"，不要听到这样的诠释就感觉司空见惯，从而变得麻木。人到中年，看惯了人世间的风云变幻，起起落落，难得有一份从容淡定的心境，此时，我们更有优势去专注做好每一件事。我们从事教育的人，就应该真正认知到教育的实质，就应该为演绎自己教育生命的根本内涵而骄傲，进而坚持做好每一次备课、每一节课堂、每一处点评。其实这个过程就渗透着教师强烈的敬业精神，这是对教育细节的执著，当然，细节还在于对每一位学生个体的关注与关怀上。

干大事者，必先从小事做起。即便是那些伟人，他们也不是生来就专门干大事的。他们的成功，也是从小事干起的。

教师的工作，也就是日常的小事，琐事。但只有激情澎湃的教师才会耐心、细心地去认真做好其中的每一件，最后既成就学生，也成就自己。

教育的终极关怀是让学生健康而幸福地成长，促进学生的个性发展，促进生命的张扬，而不是仅仅关注学习好的那几个孩子。

教师对学生的关心，最重要就是对学生的信任，它指的是：无论学生目前多么愚笨、顽皮甚至不可救药，而教师能对他的未来始终抱有信任，坚信他的生命具有无限可能性，他无论经历多少灰暗、挫折甚至倒退，最终一定会有所成就。教师凭借那一腔热情，去用心寻找开启学生生命之门的那把金锁钥。我们应相信教育的力量，相信生命的本善。

中年教师在相当长的教育教学活动中，往往会忽视对自身的深刻思考，忽视主动的自我反省，于是，不少人错失很多发展自己的良机，丢掉难以复制的精彩。关心、关爱学生，就需要自我反省，自我反思。

中年教师要一如既往地教育每一个学生，真正做到"不放弃、不抛弃"。面对学生，要少一些无奈和责备，多一份尊重与关爱；面对教育，要少一点浮躁，多一份真诚。我们对学生这种执著的关注，是敬业的态度，也是激情的燃烧。

人到中年，精力不如当年，很多中年教师就会表现出一副与世无争的姿态,不再关心自己的教学成绩,不再热心各种竞赛,也不再在乎各种名利得失,他们自愿退出"江湖",因为他们自我感觉没有勇气同全副现代知识装备的青年人竞争,因而选择"急流勇退"。

身为教师,我们面对的是成长中的一代,我们应该做一个对生命积极进取的人,对生活宽容的人,对感情真挚的人,处事正直的人。作为中年教师,我们要相信自己是一个优秀的人,充分相信自己所拥有的珍贵的课堂经验和教育管理经验。因为只有相信自己优秀,才有信心把更多的讲台下的学生培养为优秀,才能激发出自己指点江山、激扬文字的魅力。正如语文教师站在讲台上自信地说"我就是语文"那么有魄力一样,教师需要用自信来激发魅力。所以,我们也可以这样说——敬业就是敬自己。

敬业是一种尊重,是一种重视,是对教育教学规律的尊重,更是对自身精力、能力的自信,是一种用心的努力和追求。中年教师,首先要相信自己,因为只有自信才能他信。一个不自信的教师,妄自菲薄的教师,是难以焕发出生命光彩的。

2. 激情紧随改革的步伐

一个富有激情的教师,对自己所从事的事业总是持审慎而又负责的态度,他决不会故步自封,自我封闭,也不会循规蹈矩的死守一个僵硬的教育模式,他会很自觉地勇敢地站在改革的浪尖,振臂呐喊、鸣鼓助威,甚至勇于做浪尖上的舞者。

时代在发展,教育也在进步。当今中国的教育已经把改革作为一项严肃而紧迫的课题。作为一位对教育有着激情的教师,面对这项严肃而紧迫的课题,他决不会袖手旁观,他一定会勇敢地投入的。

原规则之四九: 教育工作者, 要与时俱进, 紧随时代脉搏。

对教育的宏观改革,我们也许只能望而兴叹,但对于教育的微观上的工作,我们一定可以有所作为。

➡ 案例5-6

请看一位教师的教学手记:

孩子们唧唧喳喳地向老师诉说:"小亭爱小仪。"通过这位老师的细致询问后又浮出更多班级的××爱××的新情况。

老师突然意识到了问题的严重性,尽管只有三年级,但孩子们似乎过早地产生了"异性意识",更为严重的是他们并不知道该如何地表述好感,也不知道该如何保持彼此的距离。

第二天的班会,这位老师捧了一大堆的棒棒糖微笑着走进了教室。

"猜猜老师为什么要给你们棒棒糖啊?"

"可能今天是老师的生日,你让我们分享快乐!"

"可能我们最近表现很好,所以老师要奖励我们。"

"可能我们这次考试成绩很棒!"

这位老师猛地转身在黑板上重重写下一个"爱"字。

"我就是想表达我爱你们。"我解释道。

孩子们一片哗然,继而大声地笑了。

"谁不想得到老师的爱,请举手。"孩子们一震,纷纷摇头。

"老师的爱,大家都喜欢。那么谁不想得到同学的爱,请举手。"

片刻的安静,没有孩子举手。

"既然大家都希望得到同学对你的爱,为什么当别人说爱的时候,你还那么大惊小怪呢?谁爱谁,本来是一件很正常的事情呀!我们本来就是一个大家庭。在这个家庭里的每个人都是兄弟姐妹,我们要互帮互助,共同进步!假如有一天,谁不爱谁了,那么这才是有问题了。"

孩子们都那么专注地听着,前排的小逸还偷偷转身向小文微笑了。

案例中这位教师的做法是一种"将教育的意图掩盖起来"的教育艺术,是一种充满人性关怀的超凡的教育智慧。其"润物细无声"的教育成效给我们以有益的启迪。

什么是"爱"?怎样表达"爱"?每个时代都有不同的方式。这位教师就是很好地抓住了这一点,做足了文章。如果他仍然抱着老一套的观念,就很有可能训斥学生一顿。这种训斥的方式,或许能取得暂时的效果,但对学生造成的伤害可能是永久的。这位教师的做法既让学生有尊严,也寓教育于鲜活的事件中,是很有教育艺术的。

什么是与时俱进?上面这位教师的做法就是最好的注脚。

从我们大多数教师批评教育学生所使用的方式方法的现状来看,尽管赏识教育、激励教育、成功教育已经被大多数教师理解并接受,但对问题学生进行直言不讳的批评、指责甚至训斥、嘲讽仍是大多数教师的"上策",让人触目惊心的侮辱、体罚严重摧损着学生的自尊、自信,也摧残着学生的人格和身心健康。新时期的教育强调的是民主与

尊重,老师要养成发扬民主、尊重学生的习惯,动辄斥责、体罚学生,会挫伤学生的积极性和创造性。以鼓励为主的教育方式才是培养学生进步的最好途径。民主与尊重不应是我们喊作口号的华丽词语,而应当是一种理念,一种态度,一种行动,它需要我们用心去体会,并用行动去落实,进而作为一种习惯来养成。

牛不饮水岂能强按头? 何况正在发展成长中的学生呢?

一个有责任感的教师,有责任也有能力去改革粗暴简单的教育手段,让学生具有安全感,并能真实地表现自己,充分地展示自己的个性,创造性地发挥自己的潜力,教育质量也会因此大幅提高。反之,则不然。

下面这个故事,读后肯定会让我们颇感震撼。

➡ 案例5-7

某实验小学的课题组设计了一道"数学题",然后让一名数学特级教师对低、中、高三个年龄段随机抽取的各二十名学生进行测试。题目是:一条船上载了25只羊,19头牛,还有1位船长。要求根据已知条件求出船长的年龄是多少? 测试结果是大多数学生居然都算出了具体"结果",只有少数学生对试题的合理性提出了质疑,且质疑者低年级学生居多,中年级次之,高年级最少。

我们不遗余力地备课上课,为什么我们的学生只会做题不会思考?

这一结果引发了教师们对这一问题的反思:"当今的学校教育和课堂教学究竟还缺少什么,为什么随着学生年级的递升,好奇心、创造力却在逐渐萎缩,问题意识、批判意识却在淡漠?"如果这种境况持续下去,那必将是教育的悲哀。

教师教育观念的严重落后,是制约教育发展、制约自我发展的障碍。我们的学生为什么只会做题? 与教师没有关系吗? 我们教师责无旁贷。

教育的改革,使得教师们热衷于将各种理论模式方法引入、移植到课堂,却忽视了教师自身体验、感悟、反思实践后而形成的教育智慧的作用,甚至压抑了教育智慧的作用的发挥。这与我们的教师激情有余而理智不足有关。它告诉我们:仅有热情还是不够的。

教师与时俱进,也是一种智慧。而教育智慧体现为教育的一种品质、状态和境界,它表现为真正意义上尊重生命、关注个性、崇尚智慧、追求人生幸福的教育境界。就目前而言,教师素质不是教师自身把课堂包装得多么华丽的技巧,也不是解题的方法和路径多么巧妙,教师素质强化的方向是教育智慧,它要求教师应当将热情渗透、内化于教育活动的各个方面。

教师的教育的确需要热情,当然,并不是说只要付出了一腔热情我们的工作就能做好。

再看一则教师的教育手记:

一位参加工作20余年的教师,将"把书教好"作为自己的座右铭,为了教好书,他利用一切可利用的时间,走向教室为学生上课。

他任教班级的体育课、生物课、活动课、历史、地理、自习等课程都被他这门主科无偿"强占"了。不是讲新课,就是搞辅导或让学生做习题。学生的学习成绩一直保持在同轨年级的上游。后来这位老师调

到另一所学校工作，仍坚持用这种做法，从没有对自己的这种教学心理、行为和效果产生过怀疑。

不料，在学期中途就收到了学生的一封匿名信，信中这样写道："玩命教学而又令我尊敬的老师，请您原谅我的不辞而别。我们知道您为我们好，也十分爱我们，可是，我们都恨您。您为我们提高学习成绩付出沉重的代价，我们看在眼里，记在心里，但我们不能原谅。因为您在牺牲家庭、牺牲自己的同时，也牺牲了我们。您爱生如子，忘我教育我们，使我们没有了节假日，没有了星期天，没有了接受其他学科知识的机会，没有了自我支配的时空，使我们失去了自由，同时也没有了感情，没有了个性，没有了思想。我们成了在您手下被操纵的机器。如果读书和牺牲是密不可分的话，那么我们宁可不读书！"

阅读后，这位老教师深感茫然，深深地长叹一口气："好心得不到好报"。

案例中的教师为学生操劳，学生却不领情，原因何在？我们不必怀疑教师是否缺少爱。对一名教师来说，爱学生是本能，也是职责，这并不难做到，但是要做到让学生也爱我们，是需要教育的真功夫，需要教育的大智慧。

教师一厢情愿的爱可以说是一种"糊涂的爱"，是对学生自主性的忽视，也是对学生自主权利的剥夺。顺应改革潮流，让学生喜欢课堂，做学生喜欢的老师，适应新形势，运用新手段，在爱学生的过程中才能真正收获学生也爱我们的甜蜜。

第三节　老年教师用激情赢得尊重

教师职业的人生境界,一般可分为三种:一是仅仅视为职业,把职业作为付出劳动并能交换薪酬养家糊口的谋生之所。既然成了谋生之所,他们便少不了斤斤计较,也少不了患得患失。二是视为事业。这种类型的教师们,把教师职业当做实现个人价值的舞台,工作往往会成为他们生活的核心,也关系着他们的喜怒哀乐以及荣辱得失。三是作为志业。他们把职业视为宗教,为意义之旨归,职业与生命融为一体。他们对教师职业所具有的深刻理解,所秉承的执著信念,驱使他们通过学生的卓越发展,使自己的生命得以丰富扩充。三种不同的境界,三种不同的人,高下立分。显而易见,第三种是最高的境界,要达到这一境界,教师的一生将与激情相拥。

教师的激情人生,是永不衰老的人生,也是不断学习,不断接受新知的人生。永不衰老,永远求知,是我们应有的人生姿态,也是教师人生的最高境界。

1. 老教师拥有年轻人的心态

哲人告诉我们:"你的心态就是你真正的主人。"心态决定一切,的确有道理。心态会直接影响一个人的价值观取向,决定一个人的成长状况,关系到他的人生是否完美。

原规则之五十：教师是份幸福的职业，只要心态不老。

教师是一个多面的角色，有时候是导演，有时候是观众，有时候还是演员，如果丧失了激情和热情，那么场景效果一定会冷却下来，很难得到经久的掌声。所以，教师一定要像第一次当导演、第一次当观众、第一次当演员时那样，既新奇又投入，这样才会演绎出更多的教育精彩。

拥有童心的教师，也就多了一条通往学生心灵深处的途径，学生们会不知不觉地把老师当朋友。

教师的工作对象是成长中的孩子，教师更需有一颗童心与孩子的心相映。教师拥有一颗童心，保持一颗童心，就会让活泼、勇敢、顽皮的孩子拥有施展出异想天开的翅膀的好奇，拥有在神奇的王国获取无穷幻想的精神财富。

有人云："80 老顽童"，此话不假。一个教师，只要对教育有真情，有真爱，哪怕是年龄大一些，70 岁，80 岁，我们也仍然可以感受到他是年轻的，不老的。

➡ 案例5-8

斯霞老师就是心态不老的典范。

斯霞，1910 年 12 月出生于浙江诸暨，1922 年就读于杭州女子师范学校，1927 年毕业后，先后在浙江江苏南京等地小学任教。中华人民共和国成立后加入中国共产党。曾被评为全国三八红旗手，小学特级教师，当选过全国人大代表、江苏省劳动模范、全国劳动模范。曾任南京市教育局副局长。2004 年 1 月 12 日因病在南京逝世，享年 94 岁。

　　斯霞老师毕生从事小学教育，为教书育人倾尽心血，贡献卓著。上世纪五十年代，她创造出"字不离词、词不离句、句不离文"的小学语文随课文分散识字教学法，大面积、高效率地提高了识字教学的质量。她教导的学生在两年内就认识了 2000 多个汉字，读了 174 篇课文，在当时国内小学教育界首屈一指。六十年代，经专家学者总结、论证，斯霞的"以语文教学为中心，把识字、阅读、写话三者结合起来"的小学语文教学法，在全国产生广泛影响。新华社 1963 年播发的通讯《斯霞和孩子》向国内外传扬了她的感人事迹。"文化大革命"结束后，回到教学岗位的斯霞全身心地投入教育教学研究工作，精心培育青年教师。她主张通过生动活泼的授课，提高教学效果，来增加教学内容和识字量，反对延长教学时间，主张教师必须要有丰富的知识，尽可能地去满足学生多方面需要，帮助他们打开知识闸门，点燃智慧火花。退休后，她仍一如既往地每天到学校做力所能及的工作，学校、学生已成为她生命中不可缺少的部分。

　　在"文化大革命结束后，回到教学岗位的斯霞全身心地投入教育教学研究工作，精心培育青年教师。"她并没有真正把自己当老人，对教育，她始终有一颗年轻的心。在斯霞这样激情燃烧的教师的词典中，永远没有"老"这个词。

　　教师的责任心不是在轰轰烈烈中展示，而是在平凡琐碎中体现。我们要善于在细微处发现丰富，于琐碎中寻找欢乐，在平凡中创造奇迹。这样一路走来，教师的心态怎么会老去？还有，教师如能摒弃老者自居的姿态，就会永远年轻。

　　年轻，有很多秘诀，除责任心之外，谦虚，也是其中之一。

案例5-9

一次，富兰克林到一位前辈家拜访。一进门，他的头就狠狠地撞在了门框上，疼得他一边不住地用手揉搓，一边看着比正常标准低矮的门。出来迎接他的前辈看到他这副样子，笑笑说：

"很痛吧？可是，这将是你今天来访问我的最大收获。一个人要想平安无事地活在世上，就必须时时刻刻记住'低头'。这也是我要教你的事情，不要忘记了"！

富兰克林把这次拜访看成最大的收获，牢牢忘记住了前辈的教导，并把它列入他一生的生活准则之中。

富兰克林成功的重要因素之一，就是因为他懂得了谦虚谨慎是做人的美德。作为教师，我们也应该胸怀一颗谦卑之心。

一名合格的教师要谦逊礼让，拥有一颗上进之心，这样才将使自己的心态不会老去。上进心要求教师以讲台为圆心，以内心的丰富、磊落、温柔、细腻、畅达、深刻为半径，不断完善自我、突破自我画出的一个个圆来。

所以，教师的心理年龄要永远年轻，永远拥有火热的心、热烈的情，积极地适应，热情地工作，从而营造出教师"争奇斗艳"的奇景妙趣来。

2. 终身挑战自我源于有不断学习新知的欲望

一个激情飞扬的教师，一定要拥有开放的心态，不断地从外界获得新的知识，新的信息，从而充实自己，丰富自己，提升自己。

时代的飞速发展赋予了现代人太多的负荷,我们要学会不断接受新知识,不断提高自己。教师是知识的传递者,我们要不断吸收,不断地学习新知,使传递的知识不会老化,使自己的思想不会僵化。

原规则之五一:教育的路有多长,教师学习的时间就有多长。

➡ 案例5-10

余映潮,著名语文特级教师,全国中语会学术委员会副主任,湖北省荆州市教科院原中学语文教研员,多家国家级中学语文专业杂志的封面人物,曾被张定远先生誉为"中青年语文教师课堂学艺术研究的领军人物"。著述丰富,已发表各类教学文章1300余篇,出版了《中学语文教例品评100篇》、《余映潮阅读教学艺术50讲》、《听余映潮老师讲课》、《余映潮讲语文》等七本专著。创建了全新的"板块式、主问题、诗意手法"阅读教学艺术体系,总结出了"思路明晰单纯,提问精粹实在,品读细腻深入,学生活动充分,课堂积累丰富"的教学设计30字诀。精彩的课堂教学受到各地中小学语文教师的普遍欢迎。

余映潮几年前就退休了。可是,他退而不休,仍然天天在忙着外出讲学,忙着读书,忙着接受新的信息,新的知识。

按照我们传统而又世俗的评价标准,余老师可谓是功成名就,可以在家颐养天年了,可他仍然闲不住。因为他对教育有着一颗火热的心。我们读他的文字,从来都没有感受到他有"老"的心态,"老"的感觉。

像余映潮老师这样，对教育永远富有激情，他哪里还会"老"，他们所拥有的，只有"年轻"。

现实生活中，一些教师年纪轻轻，就把自己列入老年的行列，身体未老心已老，这实在是不应该的。我们只要睁开眼睛，就可以发现：这个世界，从来就没有老去，为何就我一人独老？

学无止境，对于教师而言，更是这样。学习就应这样——不断学习，不断更新；不断学习，不断否定；不断学习，不断进取。

教师要永葆青春，必须不断学习新知识，掌握新技术，不断实现自我的挑战。教师在前行的过程中须谨记：挑战自我源于有不断学习新知的欲望。

第四节　教师用激情燃烧点亮人生总目标

一名优秀的教师，应该执著于人生目标的追求。而追求是一个漫长而又艰辛的过程。人生有了追求，才能彰显其中的魅力和精彩，也只有树立了坚定的矢志不移的目标，才能克服千辛万险，乘风破浪。人生有了追求才丰富，才充实，才有意义。

英国有一个名叫斯尔曼的残疾青年，得了慢性肌肉萎缩症，走路诸多不便，但是他还是创造了许多连健全人也无法想象的奇迹，令人意想不到的是，就在他生命最辉煌的时刻，他在自己的寓所里自杀了。原因是当28岁的他完成了所有的目标时，就开始找不到生活的理由，开始迷失人生的方向了。他感到空前的孤独、无奈与绝望，便给人们

留下了这样的告别而离去。

斯尔曼之所以能一步一步走向成功是因为他有自己明确的目标，而他的离去也是缘于目标的丢失。人，都应该有自己的目标和方向，不想当将军的士兵不是好士兵，不想当名师的教师也不是好教师。作为一名教师，我们要给自己的人生绘好规划蓝图，确立高尚的目标。

在人生的征途上，有目标就有希望；有目标就有了奋斗的指针，就有了方向感，就不至于盲目，而对于教师来讲，只有拥有了激情，并持续燃烧才能点亮人生总目标。

1.少年时努力让自己成为学者

少年时代，是精力最旺盛的时代，也是最好学的时代。年轻，常常是与有为相联系的。

原规则之五二：年轻教师要树立远大理想，要有成为名师的远大抱负，并不断为之奋斗。

成为一名学者型教师，是很多人的终生追求，尤其对于年轻教师来说，是意气风发的梦想。所谓学者型教师，是以自己的学科性质特点和教育风格为基础，研究自己的教育教学个性，形成自己独特的实践操作体系、教学思想或教育理论，以及完整的教育教学体系、教学风格。学者型教师是 21 世纪教师的新形象，是全面实施素质教育的关键。那么，如何让教师成长为学者型教师呢？

理想和信念是根基。教师职业与其他千万种职业一样，要有"干一行爱一行"的从业理想。从进入教师行业的那一刻起，教师就应该

热爱这个职业，胸怀祖国，热爱学生。对一名教师而言，三尺讲台，舞台虽小却承载着家长的希望和祖国的未来。教师需要梦想，教师要立志教坛创业，要刻苦钻研业务，尽力提高教学技能，并自觉地开展教学改革，扎实工作，艰苦奋斗，无私奉献，把教育当事业来追求。实际上，这是一个坚持不懈的执著历程。

➡ 案例5-11

有一天，一个学生在课堂上问苏格拉底，怎样才能成为像苏格拉底那样学识渊博的学者。苏格拉底没有直接作答，只是说："今天我们只做一件最简单也是最容易的事，每个人把胳膊尽量往前甩，然后再尽量往后甩。"苏格拉底示范了一遍，说："从今天开始，大家每天做三百下，能做到吗？"学生们都笑了：这么简单的事，有什么做不到的？

过了一个月，苏格拉底问学生："哪些同学坚持了？"

教室里有百分之九十的学生举起了手。

一年过后，苏格拉底再次问学生："请告诉我，最简单的甩手动作，有哪几位同学坚持做到了今天？"

这时整个教室里只有一个学生举起了手，这个学生就是后来成为著名哲学家的柏拉图。

在苏格拉底的眼里，能够成就自己的重要途径，就是坚持去做一件看似简单的事情，也就是耐人寻味的成功学的重要方法：简单的事情重复做。重复去做一件事，不仅仅需要执著的精神，还需要有洗却铅华甘受寂寞的忍耐力。

年轻时代的柏拉图，理想和信念在他那里生了根。在他心里，坚

持就是胜利,坚持就能成功,简单的事情,他坚持下来了。这本身就是一种精神,一种追求。这是他之所以能成为著名哲学家的根本原因。

柏拉图的成功,让我们明白:有了激情,有了理想和信念,就有了前进的动力,有了奋斗的目标,就有了成功的保证。

教师的工作对象是学生,其工作关系、人际关系范围局限于一个比较狭隘的教育区域中,没有名利之争。我们教师,尤其是青年教师,要调整心态,甘于寂寞,拥有平和心态,不浮躁,不张狂,不心存旁骛,将全部精力投入到教育教学中去,认真钻研业务,摆脱世俗和庸俗。

在少年时,成为学者型教师所达到的水平,还应该拥有创新意识和创新能力。创新是时代赋予教师的使命,也是教育教学的需要,只有创新,自己的事业才会持续健康发展。创新能让课堂更具生命力,让教师更具吸引力,让自己更具魅力。教师是创新的排头兵,要创新,就要乐于学习,不断转变教育观念,并结合校情、学情不断进行教学创新。为此,教师的学习发展就成为创新的出发点和落脚点,故只有学者型教师才能担当起教育创新的重任。

青年时期,为做一名学者型教师而不懈努力,将知识、智慧和教养有机融合,努力使自己语言文雅,充满真理和热情;努力使自己感情高雅,充满亲切和诚意;努力使自己行为秀雅,自然而充满活力;努力使自己永远保持高尚的情操和良好的品行。这样的过程,既是对生命的洗涤,又是对生命的追求。

2. 激情铺垫后老年时一定成为专家

成为专家型教师是许多教师的追求。但是,要成为一名经验丰

富,功底深厚,涵养高的专家型教师,并非一朝一夕之功。需要少年时的立志,中年时的奋斗,老年时的总结与提升。

教师最宝贵的资源之一就是自己的教学经验,拥有丰富的教学经验可以使教师在课堂教学上更加得心应手,可以使教师处理突发教学事故时更加游刃有余。不过,要拥有丰富的教学经验就得不断地进行研究。因为教师不能只停留在"知识传递者"的角色上,作为教师,我们要在实践中继续进行研究和探索,以成为一名名副其实的专家型教师。从广义的角度来看,专家型教师应具备强烈的求知欲、积极的主观能动性、合理的工作方式、较强的知识演绎、归纳和类比能力以及清楚、确切、简洁的表达能力。专家型教师必须要有高度的责任心、坚定的信心、独立的思想和创新的思维。

原规则之五三:厚积薄发,积累成绩成就人生。

➡ 案例5-12

有一位在当地小有名气的教师为了梦想,辞去了原单位的工作,来到了南方一座著名的城市。他原本以为凭着自己厚厚的一摞发表论文和几张教学比武的获奖证书,便可找到一份不错的新工作,可现实真不是这样。几经周折,终于,一所民办小学暂时收留了他。原因是他们小学有一位老师休产假,三个月后才能来上班,但只能做代课教师。

尽管是代课教师,但他做得却一丝不苟。他把课上得精彩纷呈,和学生打成一片。三个月来,校长曾多次来听他的课,我甚至为教研

组开了公开课。老师们对他的评价是"年轻的教学能手"。三个月的时间转眼就到了，校长向这位老师表示了歉意之后，让其去总务处领工资。

第二天早上，这位老师整理好行李后又来到办公室。他把学生的作业都批改好，把备课本教学资料都整理好，准备移交给那位休产假回来的老师。可是，到上课铃响，那位老师还没有来。看着那些可爱的孩子，他决定迟一天离开。他又像往常一样认认真真地上好每一节课。下午放学，他把学生一个个送出校门。全部工作都做完了，正在这时，校长通知他被正式录用了。

校长说，一名优秀的老师光有教学水平还不够，还得有强烈的责任心。

后来，这位教师终于成为特级教师。再后来，这位教师成为了一名教育专家。

这位教师的成功是他不懈努力和持久的奋斗的结果，他之所以能成为一名教育专家，是因为他一直以一颗火热的心来专注于自己的事业，当然在这个专注的过程中有自信心、有责任心，还有成就精彩的恒心。

专家型教师，也是有思想的教师。长期的教育教学实践，可以使教师积累经验，增长才干，形成系统的教育教学思想。而有思想的教师能把自己或他人的教育教学上升到理论的角度来认识，具有高屋建瓴的眼光，并具备理论指导实践的能力。专家型教师所做的不是简单的吸收与传输，它应该是一个再加工和精加工的过程，在这个过程中，教师要把学习的知识去伪存真、精挑细选，这样才能使自己的教育教

学工作深入浅出，化难为易，才能让学生便于理解和接受；教育教学中有系统的教育思想和明确的教育理论做支撑，即教师能够比较全面完整地回答教育与教学的分别是什么，为什么，怎么样的问题，能够精炼地表达出对教育教学的哲学观、价值观和目的观，这就是专家型教师的境界。

再说"专家型教师"、"学者型教师"

如果再追问：成为一名学者型教师的标准是什么？是公开发表若干篇文章，还是拥有自己的教育专著？成为一名专家型教师需要精通多少门学科知识？专家型教师在理论层次上将达到怎样的一个高度？这些，都没有一个准确的数值能够量化。所以，专家型教师、学者型教师并不是我们往水桶里倒水一样显性，水满了就成。也许，我们广大教师所追求的学者型教师、专家型教师只是一个理想，是让每一个平凡的教师生活得不平凡的精神力量，有了这种力量的存在，教师的工作才有了更真切、更具体的努力目标：

做一名有涵养的教师。追求自我将知识、智慧和教养的有机融合，努力使自己语言文雅，充满真理和热情；努力使自己感情高雅，充满亲切和诚意；努力使自己行为秀雅，自然而充满活力，努力使自己永远保持高尚的情操和良好的品行。这既是对生命的洗涤，又是对生命的追求。

做一名有魅力的教师。教师个人独处，能严格按照慎独去做，实实在在地遵守道德准则，宠辱不惊，不在乎别人的诋毁和误解，而要自信自醒，有一种信念：打击你的力量就是前进的力量。但问耕耘，莫问收获，竭尽全力，就是胜利。无论何时何地能时刻铭记自己的职责，肩

负对生命教育的伟大使命，不骄傲，不张狂，不卑不亢，也不矫揉造作，用自己的力量去激发学生的力量，用自己的人格去感化学生的人格，用自己的魅力去培养学生的魅力。

做一名宁静致远的教师。工作的繁重，生活的琐细，学生唧唧喳喳的吵扰……过重的外在负担会导致教师的"肤浅后遗症"。教师与其忙忙碌碌以至于忙得昏天暗地，不如将困扰自己的工作和专业潜心钻研下去，深化、细化，创造源于自己的细腻的心灵体验，在浮躁的现实中寻求一份属于自己的宁静心境，并置身其中朝着理想的目标默默地努力，静静地成长。虽然不能一鸣惊人，也不曾轰轰烈烈，但研究学术专业于胸间，课堂上稍纵即逝的灵感，教育学生方面让人拍案叫绝的教育策略，凡此点点，细作梳理，会发现别有一番情趣。

做一名海纳百川的教师。无论是现在还是过去，无论年长还是年幼，无论专业是否一致，谁走在我们的前面，谁就是我们的老师，包括学生，更包括德高望重成绩斐然的教师——他们敬业、博学、钻研、激情、严谨、刻苦，不愧为师。可以说，他们是"通向现在和未来美好教育境界的阶梯"，可以把我们引领到当今教育改革的风口浪尖上。同时，无论是建议还是意见，无论是友好还是敌视，无论是激烈还是柔和，只要对我们自身以及对我们的教育教学工作有帮助，不管自己曾经取得过多少成绩，不管一直的设想多么完美，都要倾听、借鉴、吸收。海纳百川，有容乃大，这就是能够成就一名专家型教师的必然结果。

做一名勇于创造的教师。就目前的学校教育而言，教育是缺乏创造力的，这种教育体制下的学生也是缺乏创造力的。创造力的缺失，原因何在？概括地说，在于学生自信心及生活激情的下降，在于学生

们批判求异精神的匮乏、情感体验的单一和苍白。学生因作业形式、考试内容以及繁多的教育改革名目而感到过度焦虑，使得他们缺乏创造思维应有的放松心态，缺乏交往中的智慧碰撞。教师要有勇气来改变传统教育遗留给学生的种种弊端：如重共性，轻个性；重服从，轻民主；重主宰，轻主体；重结果，轻过程；重灌输，轻探索等等，要创新教育形式，革新教育手段，以此来激发学生的学习兴趣、求知欲望、好奇心和创造性，激发学生的问题意识、锐化思维，开拓学生的想象空间。

对于专家型教师和学者型教师的理解和追求，是一个多元化的积极探索，在这个探索过程中，必不可少的是教师的激情。只要生命在，激情就在，教师的激情要点燃学生的情绪，照亮学生的心灵。对教育的激情，应该从现在的外在表象转化为内在深层的精神气质。不因年龄的增长、环境的改变、地位的升贬而改变。无论走多远都有一颗热烈的心在燃烧，都有一腔热烈的情在释放，都有一股执著的精神在追求。

把自己打造成为一名学者型、专家型教师是一个追求，也是一种幸福。作为一名教师，当我们回味着那追求的道途中所邂逅到的美景，当我们捡拾着那一次次顿悟后的超越，便有一种无法言状的幸福感油然而生。假若真的要刨根问底这种幸福感是什么，那就是坚持做一名教师的快乐，这也是成为一名优秀教师的密码。

章节感言　教师·根基·业绩

　　人的一生中,人们最注重的是而立之年后的根基和业绩。作为教师,其根基是什么呢? 在大层面上说,教师的根基应该是对待工作、学生的态度和情绪;又该用怎样的业绩来衡量一名优秀的教师呢? 很简单,教师的业绩其实就是一个亘古不变的真理:桃李不言下自成蹊——青出于蓝而胜于蓝,如果一名教师或者说一名普通教师做到这一点就足够了。

　　然而,作为教师要拥有深厚的根基和颇具成就的业绩,的确需要付出不少的心血,并且要有为人师的一种精、气、神。少年不狂、中年不骄、老年不颓,这正是教师们能够有所作为的不二法宝。教师的精、气、神,说到底,其实就是激情的释放与燃烧。激情源自何处? 无非是对工作的一种热爱,对工作成绩的一种陶醉,对工作对象的一种爱怜,对工作效果的一种追求,对手中工作的一种探讨与研究,不论是对自己还是对自己的教育对象都不放弃、不抛弃更不自暴自弃。因为教师所从事的是生命的教育工程,每一个细微的火花都会燃起熊熊烈焰。

第六讲 结语:从激情到一生有成就感

拥有激情,就有前进的动力;拥有激情,生命更有张力;拥有激情,大写的人字一定更有内涵。大凡一个有成就的人,几乎全是用激情相伴着生命的人,他们用自己那独有的精气神去铸造自己的事业,从而拥有成功的每一天。

一个生命不息、激情满怀的人,终究是一个成就非凡的人。激情是自我的本钱,只有舍得将这本钱拿出来用的人,特别是贴着工作中时间不够用时,精力不够时用,换来动力,换来孩子们的成长,这才是教师的人生价值所在!

即使是一个平凡的教师,也一定要拥有激情,一定要持续地拥有对教育的激情。现在,我们研究人生如何有成就感,就是为了让大家去思考如何拥有激情,如何永远拥有激情。

事实证明,一个优秀的教师是一个桃李满天下的教师。一个很有成就感的人,一个很幸福的人,一个纯粹的人,一个高尚的人,他一定是一位时时、处处都拥有激情的人。时代赋予了我们千载难逢的机遇,我们身边的名师如雨后春笋般出现,我们一定要向他们学习,激发

自己对教育的激情！

　　从激情燃烧到一生有成就感，这里有着无限的智慧，这里有着无限的思考，这里有着无限的思想，这里充溢着对教育无限的忠诚。作为新世纪一名教师，让激情的燃烧更有气度些吧，让人生的脚步更加从容些吧，让生命的存在更有亮度些吧，让立世的姿态更有尊严些吧，因为，只有激情燃烧，才可能让我们顶天立地。

　　本章节我们将和大家探讨这些话题，让我们的教育激情一生持续。

第一节　激情，让生命增加亮度

　　教书育人，是一项平淡却不平凡的工作。因为其平淡，所以更需要持久的激情；因为其不平凡，所以我们的人生才更有亮度。尽管我们发出的光热有些微薄，但在夜空里，它就像一盏深情的烛光，越烧越亮，焕发出无比迷人的光彩。诚如，对学生的一抹微笑，执著的一支粉笔，反复修改的课堂教学等等，也许并不耀眼，但是它拥有温暖的亮度，这亮度是用激情做燃料的，日甚一日。

1. 学生成就了教师

　　古往今来，教师与学生的关系，是一个常说常新的教育话题。教师与学生，二者形成一种共生共荣的生态群落，所谓教学相长；同时还构成一种互相依存，相互促进，螺旋递进的生态链。一个教师教育激

情的涵养、释放、升华，教育理想的实现，人生价值的生成，离不开学生这一无比重要的媒质。

原规则之五四：成功的教师源自学生的成功。

曾有一位青年教师，他自小就立志做一名优秀的人民教师。师范毕业后，他如愿以偿地分到一所乡镇中学任教，还当上了初二的班主任。上班后，年轻人自是激情澎湃，他批改的作业，家访的人数，考试的次数，是全校最多的。他性格开朗，与学生打成一片，班主任工作也是有声有色。可是，一学期下来，年轻人却似霜打的茄子——蔫了，他所带班的综合评比得了全年级倒数第一。为何？年轻人需要锻炼锻炼，初来乍到的他执教的是学校的"慢班"，班上学生基础底子太薄，单以考试分数评比之，实在是回天乏术。

后来，年轻人咬咬牙，学校成了自己的家，学生就是自己的大孩子。这样坚持了两年。到初三会考时，总算摘掉了"老幺"的牌子，但重点高中上线的人数还是惨不忍睹。升学质量评比时，结果是既无批评也无表扬。不过年轻人对工作的激情和他的敬业精神还是给同行留下了深刻的印象。当年招新生，有好几个学生家长试着把自己还算优秀的孩子托付给了他。年轻人诚惶诚恐，似乎看到了希望，心中又燃起激情。第一学期下来，年轻人的班级得了个全校第二，顿时声名鹊起，陆续有优秀学生投奔。积淀到了初三，升学考试下来，年轻人所带班级不但拿了全校第一，还夺了个片区第一，实实在在成了十里八乡的名师。

人们议论说：是学生家长和这些优秀学生成就了这位名教师。

俗话说："名师出高徒。"其实，这有违教育的规律，这是不尊重学生主体地位的表现。准确地说，应该是"高徒出名师"。这位教师的成长或多或少说明了这个问题。教师的专业成长与他所教的每一个学生都密切相关；与他对教育有着无比的忠诚，不竭的激情息息相关。

孟子云："得天下英才而教育之"是三乐中的一乐。这是有一定道理的。得天下英才，一是好教育，二是可以使自己成名。这与"高徒出名师"的道理是一致的。

一名教师决定对成绩差的同学进行帮助，通过课后进行辅导及单独布置习题等途径提高他们的成绩，这名教师自认为这样做是对他们负责。

教师对学生、对事业的满腔热情并不需要一味地付出与执著，它更需要教师能因时因地地制订自己的教育方法和教育策略，进而更为巧妙地解决所遇到的问题和困难。教师解决问题的过程就是学生成长的过程，也是教师自身成长的过程，更是教育这门古老艺术青春永葆的不二法门。

教育是一门复杂精深的学问，不论历史的车轮如何急转，莘莘学子始终是其永恒的主角。他们用他们的爱，用他们成长的奇迹，用他们付出一生的得失兴叹，近乎完美地修正教育的未来，无怨无悔地成就一代又一代清风盈袖的硕师鸿儒。

每一个学生的成长都是教师砥砺才能的磨刀石，是其教育激情新陈代谢的不竭源泉。顽劣的学生，可以锻炼教师的育人之才；乖戾的学生，可以累积教师的教育机智；愚迟的学生，可以修炼教师的教学之法；聪颖的学生，可以增长教师的专业学养。正是这千千万万、形形色

色、高高低低的学子，才把一个个懵懵懂懂、生生硬硬的教育新手培养锻造成一名骨干，一方名师，一代大家。

每一个学生取得的点滴成就都是教师获取自信、坚定理想的巨额资本，是其教育激情成长的涓涓细流。内向的学生成长为开朗的老板，使教师相信了教育教学的神奇；从不洗脸的丫头蜕变成靓丽的美容师，使教师认识到教育工作的价值，坚定了教育的理想；屡屡淘气逃学的坏男孩考上了名牌大学的研究生，使教师认识到人生的价值，产生了坚持到底的源源动力；曾经早恋的男孩女孩找到了自己生命中真正的另一半，邀请教师参加了他们各自的婚礼，一个个是那么成熟稳重，使他找到了职业的快乐。所有这些说不完的成长故事，无不支撑着教师们的信念，涵养着他们的激情，支持他们走向属于自己的成功。

每一个学生对教师的尊敬，都是其获得做人尊严的最好诠释，是其教育激情生长的着力基点。校园里，走在孩子们中间，一声声清脆的"老师好"，仿佛让人回到了童话般的世界，他们的笑脸油然而生。走进教室，站上讲台，当老师们挥舞着激情的双手，把一双双求知的目光点燃，那份满足和自豪，远胜加官晋爵。正是这些世上最纯洁的心灵，给了我们教师一块独享的精神家园，让我们义无反顾。

每一个学生对教师的爱戴，都是其享受教育幸福、滋养教育激情的时令果蔬。真正的纯粹的教师，是远离红包酒宴、有偿家教、推销教辅、鱼塘麻将的。他之所以为教师，因为他有理想，因为他有担当；因为他拥有别样的幸福。这种幸福，绝非名利，那是来自心灵的绿橄榄。

正是每一个朴实而可爱的学生，用他们生命中最美好的年华，最美好的情愫，最美好的祝福，让教师自信地昂起头颅，一往无前，坚定

为师。从这个意义上说：我们实在是应该感谢我们的学生，因为，是学生成就了教师，是学生哺育了教育的未来。

2. 教师的自我认同感增强

自信，总是建立在历史的基础上。为师一方，从教一生，门下弟子无计其数，教师的喜怒哀乐，荣辱得失皆系于此。我们说学生成就了教师，成就了教育，这只是问题的一方面，它还蕴涵着一个深刻的道理：先有教师成就学生，才有学生成就教师，让教师不得不扬起头颅，认真地把自己当一回事。

生活中我们常常发现，当一个教师对自己从事的工作有了感情，看见学生就如同看见了自己的孩子。他们一起读书，一起扫除，一起游戏，一起携手踏青，幸福总洋溢在他的脸上。

原规则之五五：激情的奉献码起教师精神的高度。

所有的学生都是美丽的天使，学生病了，教师会心存焦虑；学生受委屈哭了，教师会温言相劝；学生家庭变故，教师会好言以慰。因为爱，使师生关系无比和谐亲密，在爱的甘霖滋润下，学生的成长才日益茁壮。

有人说，这样的老师实在太痴。问问他自家的孩子照顾好了没有，房子换了没有，妻子的态度转变了没有。这一连串的问题确实都很实在，某种程度上也反映了教师的尴尬和无助。很多时候，教师会不自觉地被怨天尤人的情绪所左右，但这种情绪绝对不会左右自己的课堂。教师就是这样一个有着理想操守的"痴人"，他是淡定从容的，

他心中有一股子涌动的激情，在他眼中，学生的点滴进步就是他无比的骄傲，这种骄傲，始终顽强地支撑着他引以为豪的教育人生。

事实上，一个"痴心"不改的教师，必定是成熟大气者，必将对学生成长产生多方面的影响。

➡ 案例6-1

在美国新泽西州市郊的一座小镇上，一个由26个孩子组成的班级被安排在教学楼最里面一间光线昏暗的教室里。他们中所有的人都有过不光彩的历史：有人吸毒过，有人进过管教所，有一个女孩子甚至在一年内堕过3次胎。家长拿他们没办法，老师和学校也几乎放弃了他们。

就在这个时候，一个叫菲拉的女教师担任了这个班的辅导老师。新学年开始的第一天，菲拉没有像以前的老师那样，首先对这些孩子进行一顿训斥，给他们一个下马威，而是为大家出了一道题：

有三个候选人，他们分别是———

A. 笃信巫医，有两个情妇，有多年的吸烟史，而且嗜酒如命；

B. 曾经两次被赶出办公室，每天要到中午才起床，每晚都要喝大约1公升的白兰地，而且曾经有过吸食鸦片的记录；

C. 曾是国家的战斗英雄，一直保持素食习惯，热爱艺术，偶尔喝点酒，年轻时从未做过违法的事。

菲拉给孩子们的问题是：

如果我告诉你们，在这三个人中，有一位会成为众人敬仰的伟人，你们认为会是谁？猜想一下，这三个人将来各自会有什么样的命运？

对于第一个问题,毋庸置疑,孩子们都选择了 C;对于第二个问题,大家的推论也几乎一致:A 和 B 将来的命运肯定不妙,要么成为罪犯,要么就是需要社会照顾的废物。而 C 呢,一定是一个品德高尚的人,注定会成为精英。

然而,菲拉的答案却让人大吃一惊。"孩子们,你们的结论也许符合一般的判断,但事实是,你们都错了。这三个人大家都很熟悉,他们是二战时期的三个著名的人物———A 是富兰克林·罗斯福,他身残志坚,连任四届美国总统,B 是温斯顿·丘吉尔,英国历史上最著名的首相;C 的名字大家也很熟悉,他叫阿道夫·希特勒,一个夺去了几千万无辜生命的法西斯元首。"学生们都呆呆地瞅着菲拉,他们简直不敢相信自己的耳朵。

"孩子们,"菲拉接着说,"你们的人生才刚刚开始,以往的过错和耻辱只能代表过去,真正能代表一个人一生的,是他现在和将来的所作所为。每个人都不是完人,连伟人也有过错。从过去的阴影里走出来吧,从现在开始,努力做自己最想做的事,你们都将成为了不起的优秀的人才……"

菲拉的这番话,改变了 26 个孩子一生的命运。如今这些孩子都已长大成人,他们中有的做了心理医生、有的做了法官、有的做了飞机驾驶员。值得一提的是,当年班里那个个子最矮也最爱搞蛋的学生罗伯特·哈里森,后来成了华尔街上最年轻的基金经理人。

菲拉老师真正把教育作为一门艺术来对待,而且在她的手下成就了让人称奇的艺术品。

这就是老师对学生成长的巨大影响。事实上,正因为教师都想把

一个个孩子塑造成一件件精美的艺术品，才使教师胸怀激情。教师教育学生的心情就像农夫耕种的心情一样，只要看着田里的庄稼长得好，心里就特别高兴，施肥、锄草、浇水，乐此不疲。那种独有的塑造灵魂的崇高、快乐、幸福，是他人难以体会的。

看了这个故事，想必我们都会明白什么是教育的艺术。

是的，怪不得人们常常发现，什么样的教师就教出什么样的学生：教师开朗幽默，学生就天真可爱；教师乐于助人，学生就见义勇为；教师爱护环境，学生就热心公益；教师热爱运动，学生就健康强壮。教育的神奇就在这里，春风化雨，润物无声。但如果教师教育管理学生仅仅靠急风暴雨式的训斥，效果可能会适得其反。

作为教师，最值得我们欣慰的是，我们与学生朝夕相处，一言一行都充满了特殊的魅力。苏霍姆林斯基说过："教育是人和人的心灵上最微妙的相互接触"。在这"相互接触"的过程中，教师的激情付出、奉献乃至牺牲，这是任何教科书、任何道德箴言以及奖惩制度都无法代替的。

当一个教师真正历尽艰难痴心不改，他的专业成长一定会更加迅速，他的人格必定日臻完善，这种学养深厚人格高尚的教师，他对学生成长的影响必然更加深远。

➡ 案例6-2

一位教师在博客中写道：

从开学第一天起，我就以极大的热情投入教学，正式开始我的教师生涯。从备课、上课到作业批改他一丝不苟，唯恐自己的一点疏漏

会影响教学质量；我试着走近每一个学生，仅用了两天时间，我熟悉每一个学生，从姓名、喜好到家庭状况。我一心扑在教学上，幸福着孩子们的幸福，快乐着他们的快乐，痛苦着他们的痛苦，辛酸着他们的辛酸……在课堂上，我创造严谨活泼的学习氛围，建立民主和谐的师生关系，给学生一片放飞心灵的天空，让学生们敢想敢说；在课后，跟学生一起做游戏，一起开玩笑，甚至一起搞恶作剧。因为出色的教学与管理，我被评为优秀教师，优秀班主任，在一片赞扬与鼓励中我默默地付出着收获着自己以为应该属于自己的成功；教学与管理水平的提高，学生知识的积累，人格的健全，学校和家长对我的肯定。我沉浸于其中，充满了幸福与满足感。

这位教师是幸福的，因为他的学生给了他幸福的凭借。现实生活中，我们有千千万万的普通教师，也正如他一样满怀着教育的激情，呕心沥血，刻苦钻研，把一个个年少无知的学子引领到人生的彼岸，在他们灿烂的前方，刻上自己青春的影子。所以，他们都是幸福的、自豪的。

这位教师，也是有成就感的，虽然他的那些学生眼前还没有成材，但是学生给予他的那种成就感、幸福感，也是价值连城的。这样的教师，在他的人生道路上，在他的工作岗位中，一定会加倍珍惜，加倍努力，造就出更多的既让自己幸福，更让教师幸福的人才。

正是教师的幸福感、成就感，让教师们获得了自我的认同感，让自己看到了自身的潜在的能力，由此也就越加对自己有信心。这是一个良性循环的过程：幸福感、成就感——自我认同感——幸福感、成就感……

第二节　激情，唤醒久违的尊严

站直了身子传道，才会"铸造"出"铁骨教师"。强调的是两个字：尊严。其实，尊严是人立身于世的最低标尺，是实现人格独立的必要条件，可以说，拥有人格和尊严的教师，才能培养出拥有人格和尊严的社会新生代。可是，目前，面对一本教参，有多少教师敢说"不"？在错误的论调甚至谬论面前，有多少教师会匍匐在地？不少教师失去了独立思考的精神，乃至丧失尊严。盲从，似乎已是无知的另一个代名词。跪着当教师，尊严危机感的确让不少教师汗颜，所以，不妨站直了做教师，做一个有思想的教师，成就自己学者型、专家型教师的梦想。

1. 承揽重任产生终身成就感

机遇只青睐那些有准备的头脑，对于那些无准备的头脑而言，机遇只是累赘，没有任何价值。

两千多年前的毛遂，为什么成了名人？是因为在无人敢于承担的情况下，他能自觉地站出来，勇揽重任。

重任，对每一个人来说，既是挑战，更是机遇。如果我们满怀激情，敢于承揽，勇于承当，届时，幸福感、成就感就会油然而生。

原规则之五六：教师，勇于担当才能笑傲人生。

成就感是人们追求的一种自我肯定的感觉。《百科全书》中对成

就感的解释是,成就感是指一个人做完一件事情或者做一件事情时,为自己所做的事情感到愉快或成功的感受。从心理学角度来说,当个体在某种活动中感受到愉快、成功时,便会对该项活动产生兴趣,进而以更高的热情投入到活动中去。可以这样理解,有了成就感就会产生更加强烈的工作激情,有了强烈的成就感就会对自己所从事的工作充满更加浓厚的兴趣与情致。教师的工作亦是如此,我们在教改的洪流中要勇于担当,敢于创新,要努力寻找教育成功的契机,用独当一面的才能奠定自己的成就感。

第 25 个教师节期间,新浪教育频道推出了"教师幸福感"特别调查,在调查中,共有 9543 人(其中 58.5% 为中学教师,23.6% 为小学教师,10.4% 为大学教师,5.8% 为职业院校教师,1.7% 为幼儿园教师)参加"教师问卷"网上调查。71.1% 的老师和 51.7% 的公众认为,教师是一个很累并且没有成就感的职业,仅 13.2% 的教师的职业幸福感较高。

是什么原因造成了教师们的职业热情消退? 他们为什么缺乏成就感呢? 激情减退就是原因之一。

事实上,绝大部分教师都有较高的精神追求,他们关注人生价值的实现,追求教师职业的内在尊严。可是,理想很"丰满",现实却很"骨感",很无奈。初入行的老师常常找不到教书的快乐、尊严,对教育教学急功近利,总渴望在短暂的瞬间找到个人的放大。事实上,人的发展却是相当缓慢的,教育人更是一项慢活、细活,全程需要绵长的激情来支撑,来不得半点虚假和冒进。

因此,教师要有乐观的心态,勇于接受挑战,心底时刻要有一种舍

我其谁的担当精神。

刚走上讲台的教师，工资不高，经验不多，课时却不少。这个时候，我们一定要摆正自己的心态，刻苦钻研，谦虚学习。要讲奉献，不要比清闲。相对而言，我们还是一块璞玉，是一张大大的白纸，挥洒才能的空间很大。我们有着自己无比优越的资本，青春的容颜，本真的处事风格，指点江山的潇洒，兼容并蓄的思想，引领着孩子们不停刷新着大脑。

班级里的学生有个坏习惯，爱把喝完了的饮料瓶子随手乱扔，校园里，教室里，经常见到这样的废塑料瓶子。多次教育也没有什么效果，于是，班主任老师拿了个垃圾袋，把班长叫上，利用课余时间，在教室里、校园里捡起了废瓶子。一天下来，他们捡了满满一袋的瓶子，居然卖了6块钱。开班会的时候，班主任老师把钱拿出来说："我们只一天就得到了6块钱，你们把瓶子乱丢，不但污染校园环境，还造成极大的浪费，我提议我们班给全校的同学做个榜样，把喝完的废瓶子收集起来，把得到的钱存起来，看我们一学期能赚到多少钱，好吗？这样既美化环境，又不浪费。"同学们都表示赞同。从此，他们的教室再也没有骨碌碌到处滚的废瓶子了。

困难面前，这位班主任并没有把眼前的难题看做不可解决的，而将其视作善于把握教育的时机，他的一次承揽，让他获得了工作的成就感。

教育就是这样，只要你真正付出，不计名利，常常有意想不到的收获。无论你身处无丝无竹荒僻山野，还是灯红酒绿的繁华都市；无论是学风优良，"尖子"云集的重点班级，还是班风恶劣，"差生"扎堆的

问题班级。只要学生需要我们,父老乡亲需要我们,学校需要我们,我们就当义无反顾,揽起教育人的责任来,默默耕耘,让青春燃烧在最有价值的地方。

事实上,一个富有激情、敢于承担重任的教师,就经常可以从自己的付出当中看到自己的成就,看到自己的价值。这样,终身付出,终身都有成就感。

在很久以前,有一个养蚌人,想培养一颗最大最美的珍珠。于是他去沙滩上挑选沙子,几乎所有的沙粒都不愿随他。正当他绝望时,有一粒沙答应了。最终这粒沙成了一颗晶莹剔透、价值连城的珍珠。

难道其他的沙子就不想成为珍珠吗?想!但是它们怕苦,经不起黑暗、潮湿、寒冷、孤寂的折磨,没有决心和毅力,最终一事无成,只能仍旧是一粒平凡的沙子。

每一个人都是平凡沙子中的一粒,也曾遇到好多养蚌人,但就是没有勇气随他们去。因为自己对自己没有信心,不敢面对生活的挑战,经不起生活的考验。教师便是从千万粒沙土中挑选出来的用于塑造珍珠的沙子。作为一名教师,要自豪于能够成为这样一粒沙子,不仅是因为自身的光泽和形状,还因为其独有的思想和内涵,鲜明的时代感、责任感,并用这些光泽、形状、思想和内涵感染自己的学生,感召自己的学生,成就自己的学生。

在学校,很多时候,会遇到所谓的"烂班"的现象,在很多教师都把去该班任教或者当班主任视为畏途的情况下,有的教师就干当毛遂,挑起重担,最后成就了学生,也让自己从中获得了成就感。这样的例子,每一所学校都有过;这样的教师,时刻就在我们的身边。

"天将降大任于斯人也，必先苦其心志，劳其筋骨，饿其体肤，空乏其身，行拂乱其所为，所以动心忍性，增益其所不能。"孟子的话让我们明白：一位敢于承揽重任的教师，一定是一位在平凡的工作岗位上任劳任怨的教师，一位工作不挑肥拣瘦的教师。因为这样的教师心里最明白，教师的肩上扛着祖国的未来，这是"天降之任"，我们只有一心一意义把自己手上的工作做好，才算是完成了这一重任。这件事做好了，很自然地，就有成就感。一辈子只做这一件事，就有终身的成就感。

2. 开创教育先河产生终身幸福感

毕淑敏有这样一句话："人生本没有什么意义，人生的意义便在于我们要努力赋予它的意义。"我们当教师的，不管教师这个职业的取得是偶然还是必然，是主动还是被动，只要你还在从事这个职业，在作为谋生手段的基础上，再把它变成事业，逐步进行改进，寻求价值和理想，寻求到快乐和幸福，这是人生的必需。

原规则之五七：开创性的工作让教师拥有终身的成就感。

教育是一项创造性的工作，每一堂课，每一次谈话，每一句评语都不可复制。一个不甘心当一辈子"匠人"的教师，必须要有敢为天下先的开拓创新的精神，博采众长，自成一体。

教师的工作是琐碎的，教师的工作也不可能每一天每一时刻都有新的奇思妙想，但教师的工作是与创造联系在一起的，一项创新，就是

一次提升；一次改进，就是一项成就。而每一次创新，每一项成就，都让教师从自己的工作成果中看到自身的能力，自己的智慧，从而幸福感油然而生。而伟大的创造，伟大的改进，幸福感就是终身的。

在中学语文教学中，一大批教师在自己的实践中，创造了不少的新的模式，形成了自己的特色。

"一课有一得，得得相联系"是"分类集中、分阶段进行语文训练"的教学体系设计思想之一。教师在教学中注重"一课有一得"的能力训练，让上海市华东师大附中特级语文教师陆维椿的名字熠熠闪光。

"重视语言因素的同时，比较重视语文教学中的文学因素，提倡以情动人，"让上海市第二师范学校原校长中学语文特级教师于漪成为名样全国的教师。

以课堂教学为核心向学生生活的各个领域开拓、延展，并全方位地与之结合，开辟在生活中学语文的种种渠道，让河北省邢台市第一中学特级语文教师张孝纯和他的弟子张国生的名字与中学语文教学永远联系在一起。

这样的例子还有很多。

他们的改革，有的突出运用语言基本功训练；有的侧重于陶冶学生感情，以培养学生审美能力；有的致力于学生思维能力尤其是创造思维能力的培养；有的精心设计教学程序；有的将语文教学与社会生活、学校生活、家庭生活有机结合。

他们都是教学改革中的开先河者，也正是因为他们的工作具有开创性，使得他们拥有了终身的幸福感。

其实，我们的学校教育中，不仅是语文，其他学科，也不仅是中学，

其他阶段的学校教育均是如此。限于篇幅,这里就不再一一列举了。

这样的教师,还有一个突出的特点,他们的开创性的工作,不仅给自己,也给自己的学生的成长,创造了一个又一个新的奇迹。更为重要的是,由他们所开创的新局面,为他人、为后人推进该项工作提供了思想资源。就如当年由袁隆平所进行的杂交水稻的试验成功,不仅为全世界解决吃饭问题奠定了基础,而且创造了一个水稻研究的新时代。其方法的典范性,为进行水稻研究指出了方向,让"袁隆平"这三个字不走向世界都不可能。其开历史先河的工作,让这位老人获得了终身的幸福感。

从学生的兴趣出发,从教学的责任出发,改进自己的教学,和课程一同成长,教师和学生可以共同体验教学中的幸福感。

就新型师生关系而言,教师应是"平等中的首席","一切为了学生,为了学生的一切"。作为一名青年教师,我们应自觉刷新教育理念,做身边教育改革的急先锋,在边远封闭的农村学校吹响时代号角,用实实在在的教改成果垒砌自己的尊严和荣光,建筑自己的快乐和幸福。

➡ 案例6-3

上课了,是作文课。学生在下面写作文,李老师在讲台上批改作业。这时,手中的红色圆珠笔没油了。于是,李老师轻声地问前排学生:"谁有红色圆珠笔,借来用用?"虽然是轻声,但许多学生都听见了。于是,坐在前几排的学生都争先恐后地从书包里拿出文具盒,然后以最快的速度打开,找出圆珠笔,他们纷纷把握笔的手伸向他:"李老师,

用我的笔吧！""李老师,用我的! 用我的!"每一双眼睛都充满了真诚的渴望。还是那位课间向他借杯子的女生反应敏捷,坐在第三排的她几乎是小跑着上前,把笔递到老师的手中——在递到老师手中之前,她还细心地将笔芯旋转了一下,把原来的蓝色旋转成红色。

这是一段多么具有诗意的师生交往图,相信这位教师的心里是甜蜜的,是幸福的。感谢学生,以一颗轻巧的心走近教师、点缀教师平淡朴素的生活。是的,学生的质疑会带领教师从另一个角度去思考;学生的质朴与真诚使教师的心灵得以净化。与此同时,教师也会感受到:我们在为学生辛勤耕耘的同时,收获的快乐也如期而至。

教师要善待孩子的奇思妙想,尊重孩子的实践,让孩子主动发展。老师好比一张弓,学生就是那生命的箭,我们有责任用一张强有力的弓,把学生这支箭送往美好的前程。

教师的工作是琐碎的,开先河的例子也很多。自己原先没有的,你现在做了,并且成功了,这就是先河;别人已经这样做了,你有了改进,做得比他更好,这也是先河。

就自己平常的教育教学行为进行反思研究而言,努力开创教育的先河,走有别于前人的道路,是一条促进自身专业成长最理想的途径,它可以使我们从生活的喧嚣和浮躁中解脱出来,获得心灵的宁静和充实。很多一线教师,都有这样的经历,也有过这样的体验。尤其是在今天这个学术大众化的时代,很多一线教师,纷纷利用网络这个平台,拿起了手中之笔,书写自己的人生感悟,书写自己的工作体会,反思自己的教育教学实践,把自己从繁忙的事务中解脱出来,获得了另外的享受。

第三节　激情，让我们越战越勇

每一个人都有着童年时光。在童年时代，我们都有数不清的美好理想，也都有着实现这些理想的信心和激情。然而，随着岁月的流逝，一些人的理想渐渐远去了，淡漠了，变得庸庸碌碌，毫无生机，激情不再有了。但是，教育却是一项永远年轻的事业。每天，我们面对一群群童真灿烂、青春激扬的孩子，我们，必须唤醒我们沉睡的心灵，唯有当一辈子的"孩子"，做一辈子的"假小子"，才可能走近孩子们的世界，当好他们的知心人和领路人。

有这样一个故事：两个建筑工人在工地上辛苦地工作。一个疲惫地抱怨道："这种鬼日子，整天搬砖头，太没劲！"于是他沉溺于自卑痛苦中，用酒精打发日子。一个快乐地吹着口哨："我正在为一项伟大的工程添砖加瓦。"他激情洋溢，对生活充满希望，经过不懈努力，成为一名建筑工程师。从建筑工人到建筑师，其中蕴含多么简单而又深刻的道理：生活因激情而精彩！

其实，万事万物皆需激情。鲜花是植物的激情，风儿是空气的激情，霞光是早晨的激情，波涛是河流的激情，雷电是云朵的激情，奔马是草原的激情。教育需要激情，需要全身心的投入与无私的奉献。教育的激情是条神秘的纽带，把诗意、机智、活力、恒心，神秘地连接在一起。激情、诗意、机智、活力、恒心，勾画出的是学生眼中理想的教师形象——一个为教育敢于承担责任的教师。

1. 学做英雄敢为天下先

我们每一个人都需要思考这样一个问题:在这个世界上,敢为天下先的机会多多,为什么真正敢这样做的人,又是那么微乎其微,只有寥寥几个?

原来,是否拥有激情,这是我们敢否为天下先的动力,是一个决定性的因素。翻翻人类的历史,我们就可以发现:古往今来,那些创造了历史,书写了历史的人,有哪一个不是激情飞扬,豪情万丈?秦始皇、汉武帝乃至陈胜、吴广……他们都是英雄豪杰,他们又一个个英气冲天,激情四射。

秦王嬴政,灭六国,统四海,将"燕赵之收藏,韩魏之经营,齐楚之精英"统统收入囊中;"鼎铛玉石,金块珠砾,弃掷逦迤"又是何等的气派与骄傲。秦始皇作为中国历史上第一个皇帝,所以后人尊称始皇帝。秦始皇敢为天下先,想别人没有想到的,做别人没有做到的,开了历史先河,虽不能说开天,但可以说是辟地。秦始皇所创造的无数个第一,让后人仰视他。作为第一个皇帝,他没有历史可以借鉴,没有榜样可以学习,没有经验可以参考,虽然他凶狠残暴,但为了成就大业,为了谋划大局,他敢冒天下之大不韪,就值得后人铭记。我们不能不承认,秦始皇开辟了中国社会历史的崭新一页,他实现的无数个第一给后人以经验,为中国和世界留下的遗迹将永载史册,永存人间! 他是真正的英雄!

敢为天下先,需要豪情;创造、创新,都需要激情。

教师的工作是平凡的,也是需要创造的,三百六十行,行行出状

元,行行都出英雄,都需要英雄的引领开拓,都需要他们敢为天下先的精神。

敢为天下先,要求我们在教育教学改革中,敢于探索,勇于创新;敢为天下先,要求我们有自己的教育理念,有一大批教师具有主体精神;敢为天下先,同时也要求我们在教育改革实践中应当牢记陶行知先生那句"千教万教教人求真,千学万学学做真人",真真实实,不假冒。

原规则之五八:激情让教师勇于超越自我,超越现实,成就前无古人的事业。

敢为天下先的实质就是敢于创新。

➡ 案例6-4

上海市育才中学是一所具有光荣教改传统的学校,在上海市乃至全国基础教育改革中曾担当过教育改革的先锋。上世纪1960年代以来,在著名教育家、校长段力佩先生的带领下,育才人开展了卓有成效的教育教学改革。从"紧扣教材,边讲边练,新旧联系,因材施教"的"十六字经验"到"读读、议议、练练、讲讲"的八字教学法,再到"自治自理、自学自创、自觉体锻"的"三自教育"理论的提出,学校不断探索教育教学规律,从研究教师的"教",到探索学生的"学",学校将全部工作的热情,倾注到教育教学规律的探索和实践中,赢得了广泛的社会声誉,取得了巨大的社会效益,敢为天下先,成为一笔宝贵的财富,是迁校后的育才发展的精神动力。

　　在当时的背景下，段力佩这位校长，就敢于吃"螃蟹"，提出了他们自己的教学改革思想，让多少人从中受益。这就是一种敢为天下先的创新精神。

　　敢为天下先，需要的是勇气，是志气。一个没有远见，没有勇气的教师，是难以在我们这个爱"枪打出头鸟"的国度提出什么新点子，创造什么新方法的。

➡ 案例6-5

　　山东省茌平县杜郎口中学始建于1968年11月，这是一所典型的农村中学。学校自1998年实行课改。课改的"始作俑者"是校长崔其升，他好似一位了不起的校长，其课改是真正的敢为天下先。

　　杜郎口中学的课堂把时间、空间还给学生，曾经制定了课堂"10+35""0+45"的时间规定。在改革初期，由于教师传统惯性作怪，课堂上出现"教师一开口就闭不上嘴"的现象。千百年来，我们的教学都是老师讲，学生听；教师写，学生抄。这所学校的老师当时就是这样教学的。学校不让讲就暗着讲，不让站到讲台上讲就在学生中间讲，甚至有的教师还派出哨兵来对付领导查课。于是校委就出台了"0+45"，即课堂上凡知识性的不准教师讲，教师可以以学生的身份参与到小组中进行讨论，发表自己的观点，是学生中的首席。到了2002年老师们找到了新课程的感觉，进入到了改革的角色中，又提出了"10+35"，一节课中教师占用的时间等于或小于10分钟，学生占用的时间等于或大于35分钟。时间是检验学生是否是课堂主体的试金石。把空间给学生，学生为了学习可以随意走动，到黑板上写、画、作、练；可以下桌

到另一个同学或老师那里请教，几个学生可以走出教室去排练课本剧。有的同学在黑板上讲题，全班的同学可以围过来，里三层外三层，半圆形、圆弧形、方阵形皆可，同学们有创作，有发明，可以到教室的中心"小广场"的聚焦处演讲，发表意见。黑板上的书写满了，同学们可以借用水泥地面权当黑板，课堂上学生无拘无束，没有清规戒律，更看不到教师的一统天下，有的只是学生们心灵相约、感情奔放，普通的学生"要我学"，优秀学生的"我要学"，杰出学生的"要学我"。可以毫不夸张地说，杜郎口的孩子们人人是优秀者，个个是杰出者。

崔其升校长，是一位了不起的校长，也是一位真正敢为天下先的教育智者。现在，在崔校长的带领下，学校正朝着自己所开辟的教学改革的道路向前迈进。

杜郎口中学的教学改革，绝对是超前的，甚至超在新课程的改革之前。其敢为天下先的具体内涵是：站在了世界教学改革的前列，得了世界教学改革的风气之先。学生成了课堂上的绝对主体，甚至是优秀的主体，这一点对许多学校来说，是难以做到的，但杜郎口中学做到了，崔其升校长做到了。这就是了不起的成就。

今天，方兴未艾的新课改对每一位教师而言，除了观念上的改变，能力的提高外，在知识结构方面也需要做出相应的调整：一是要学会选择。在新课程标准下，教学方法、教学形式和教学手段有了许多改进和拓展，要判断它是否符合学校的实际，是否符合教师本人的教学个性、风格、知识结构，是否符合班级和学生的实际情况。二是要学会创新。他人的新的教学方法、教学模式是不能全盘照搬的，必须要经过教师的个性化、本土化的加工，才会适合于地区、学校、教师、学生，

这实际是课程二度开发，是实实在在的科研，也是真正的创新。

当所有人都习惯于传统，习惯于上级安排，习惯于模仿盲从，我们的教育就没有生气，我们的工作就没有活力。

事，从来都是需要人干的。在如今这个信息时代，乡村教师从来没有在哪个时代能够像现在这样如此近乎平等地与城市教师站在同一起跑线上。他们中的许多人，钟发全、张朝全、黄行福等，都勇敢地迈出了自己坚定的脚步，且渐行渐远，成果斐然。他们用等身的著作码起了乡村教师的尊严，开创了"草根大师"传奇的新篇章。

➡ 案例6-6

黄行福，一名纯粹的农村教师，大学毕业后来到江西省南丰县付坊中学——一所农村中学工作，至今一干就是20多年。

黄老师对教育情有独钟，他多次放弃改行进城的机会，至今默默工作在农村教育第一线。20年来，教学之余，辅导学生参加各种竞赛，有多人获奖；潜心研究教育教学，已有100多篇论文发表在省级以上报刊。目前，正主持研究全国中语会课题《语文教育哲学研究》。1996年，以黄行福的事迹为题材拍摄的电视专题片《教研园里一奇葩》在江西省教育电视台播放，产生了较大影响。2000年，他出席了在泰国曼谷举行的第五届亚太华文教育新路向论坛大会，在大会作专题报告，论文被评为优秀论文。2005年9月27日，《中国教师报》头版头条以《一名农村教师的精彩人生》为题，用5000多字的篇幅，对他的事迹进行了详细报道；同年的《江西教育》7、8期合刊也以《点击黄行福》为题，以5000多字的篇幅，介绍了他的事迹。2005年8月，18万字的个

人专著《教育看上去很美》，由远方出版社出版。

2009 年 7 月 31 日，《中国教师报》"人物"版以一个整版的篇幅，又一次让这位农村教师的名字走向了全国。

黄行福成了当地响当当的名人。

农村是个广阔的天地，在那里是可以大有作为的。教师的工作是平凡又琐碎的，但也不是死水一潭，没有半点涟漪。关键在于每一位农村教师拥有怎样的心态，情绪状态又如何。如果我们每一位农村教师，都能以敢为天下先的精神和勇气，去努力开拓自己的人生之路，这就是创新，这就是农村教师在人生之路上的创新，这就是农村教师在成长之路上的创新。

其实，课改的大潮中，我们每一个教师都是摇篮中的"大师"。谁学习，谁成长；谁研究，谁进步；谁执著，谁立世。历史给了我们千载难逢的机遇，就看我们的双手能否牢牢抓住，搏击潮头，尽显风流，快意人生。

陶行知是我国现代人民教育家。他有一句名言："人生天地间，各自有禀赋。为一大事来，做一大事去。"人活着就是为做一大事而活。生活中不乏好高骛远的人，他们瞧不起教师的工作，认为教师仅仅是孩子王，局促于校园之内，见识寡薄，前途渺茫。殊不知百年大计教育为本；教育大计，教师为本。一旦入了教师行，我们就应当心满意足，心怀感恩，把教书作为自己的人生大事，当做唯一的大事来抓，心无旁骛，怀着激情工作，面带微笑面对，鞠躬尽瘁，死而后已。

"昨夜西风凋碧树，独上高楼，望尽天涯路。"一个真正的教师，应该是一个大写的人，他坚持着自己的坚持，执著着自己的执著，哪怕做

一个孤独的行者，也无怨无悔，且歌且步。这样的教师，他心中总有梦，总有激情，总有使不完的劲。

"衣带渐宽终不悔，为伊消得人憔悴。"一个真正的教师，还应该是一个爱的天使。他的真诚让天真的笑脸有了盛开的土壤，让学生相信人世的良心尚未泯灭；他的奉献让迷惘的眼神有了公平的滤纸，让学生相信世间还有博爱；他的执著让自卑的心灵有了哺育的温床，让学生相信生命的意义在于坚持到底。

"众里寻他千百度，蓦然回首，那人却在灯火阑珊处。"一个真正的教师，应该是一个慎独的君子。静以修身，俭以养德；不以物喜，不以己悲。有着心怀天下的抱负，屹立于课改的潮头浪尖，自强不息，敢于担当，充满舍我其谁的豪情壮志。

陶行知先生在其《创造宣言》中指出：有人说：环境太平凡了，不能创造。平凡无过于一张白纸，八大山人挥笔画他几笔，便成为一幅名贵杰作。平凡也无过于一块石头，到了菲迪亚斯、米开朗基罗的手里，可以成为不朽的塑像。

有人说：生活太单调了，不能创造。单调无过于坐监牢，但是就在监牢中产生了《易经》卜辞，产生了《正气歌》，产生了苏联的国歌，产生了《尼赫鲁自传》。单调又无过于沙漠了，而雷赛布竟能在沙漠中造出苏伊士运河，把地中海与红海贯通起来。单调又无过于开肉包铺子，而竟在这里产生了平凡而伟大的平静。

有人说：我是太无能了，不能创造。可是粗鲁的曾参，传了孔子的道经；不识字的惠能传了黄梅的教义。惠能说："下下人有上上者。"我们岂可自暴自弃呢！可见，无能也是借口。蚕吃桑叶，尚能吐丝，难道

我们天天吃的米饭，除了造粪之外，便一无贡献吗？

有人说山穷水尽，走投无路，陷之绝境，等死而已，不能创造。但是遭遇八十一难之玄奘，毕竟取得佛经；粮水断绝，众叛亲离之哥伦布，毕竟发现了美洲大陆；冻饿病三重压迫之下，莫扎特写下了《安魂曲》。绝望是懦夫的幻想。歌德说："没有勇气，一切都完。"是的，生路是要勇气探出来，走出来，造出来的。这只是一半真理；当英雄无用武之地，他除了大无畏之斧还得有智慧之剑、金刚之信念与意志才能开出一条生路。古语说："穷则变，变则通，要有智慧才知道怎样变得通，要有大无畏之精神及金刚的信念与意志，才变得出来。"

所以处处是创造之地，天天是创造之时，人人是创造之人，让我们至少走两步退一步向着创造之路迈进吧！

陶行知先生的文章，虽然过去了几十年，但我们今天读来，仍然觉得掷地有声，感人肺腑。

"天天是创造之时，人人是创造之人"。只要我们是有激情的教师，只要我们有一颗永远不变的热爱教育之心，就不必埋怨没有创造的条件，没有创造的时机。原来，我们天天都有创造的机会，时时都有创造的契机，你我又都是创造之人，也都是敢为天下先之人。时势造英雄，这个激情燃烧的时代，注定是一个个英雄辈出的时代，俱往矣，数风流人物，请看今朝华夏之硕师洪流，浩浩汤汤，风正帆悬！

2. 追逐教育的尊严将教育激情燃烧到底

"春蚕到死丝方尽，蜡炬成灰泪始干。"因为奉献，人们称"蚕"为"宝宝"；因为奉献，人们把蜡烛捧在手心。因为教师是太阳底下最光

辉的职业,人们把教师与蚕与蜡烛相提并论。这份殊荣,确实来之不易。

古今中外,还没有见过哪个中小学教师是发了财的。要比金钱,没有一个人会瞧得上教师,要比社会地位,除了学生的顺口溜"老师好"几乎少人"高攀",但是,要比群体的素质,要比谁是社会的中流砥柱,咱们教师,绝对名列前茅。

原规则之五九:教育激情的燃烧,让教师变得强大。

从入行的第一天起,我们的青春就献给了党和人民的教育事业。多少个漆黑的夜晚,四顾茫茫,在那遥远的小山村,我们勇敢地点亮文明的灯;多少个无眠的夜晚,孤影徘徊,想回到那师范学校的清溪河畔,再找找牵挂恋人的三月风筝;多少个难忘的夜晚,家访归来,在那蜿蜒的乡间小路,一道火把点燃一个迷惘的童年梦想;多少个亢奋的夜晚,举箸提笔,为远方游子的成功同喜同慰。我们,就是一头牛,埋头耕耘,意在青山。

世间自有公道,付出总有回报。当我们从意气风发到苍颜白发,两袖清风却桃李满天下的时候,一句句来自肺腑的祝福就是对我们人生的最好肯定。这种肯定,来自一生汗水的积淀。学生的眼睛是雪亮的,我们的工作是育人的工作,每一个学生最终都会成长为深谙世事的智者,他们位居高权,坐拥财富的真情表白,绝对是无可比拟的赞美诗。而这种赞美,肯定更能唤起我们久违的尊严,让我们幸福欲流,激情澎湃。纵然年老,也是"老牛明知夕阳短,不用扬鞭自奋蹄"。仿佛这一生,激情永不熄灭。

是啊，激情，好比一朵娇嫩的花朵，盛开在烦嚣的尘世。激情之花，最需要勤劳的双手护理保养。你我皆凡人，孑立人世间，举目皆荆棘，拔剑四茫然。真要革出一条路来，委实艰辛。曾记否，风流总被雨打风吹去，茅檐低首，说不尽满城风絮。

激情之花，绝不是昙花的血统，绝没有梨花的基因，绝不是玫瑰的纨绔。但是，它最需要勤奋的浇灌，坚强的清洗，执著的朗照。它不是一个春天的故事，而是四季的追求；它不是一抹虹霓的炫目，而是星河灿烂的迷幻；它不是座右铭的一句豪言，而是蜗行千里的肝胆足迹。谁用了一生去呵护，谁就赢得了人生。它会带我们走进生命的绿洲，那里，有说不尽的生机盎然和绝美的希望。

激情之树是最美丽的。春天，孩子们围着她跳舞，把小脸蛋使劲往上蹭，感受她杨柳般的爱意；夏天，孩子们靠着她乘凉，把和着星光的梦想讲给她听，享受她山泉般清幽的鼓励；秋天，孩子们抱着她爬高，悄悄把成长的脚印留下，接受她沧桑而高远的嘱托；冬天，孩子们陪着她堆雪人打雪仗，一起撑一把绿色的大伞，把成功写在未来。

➡ 案例6-7

川东北与重庆城口、开县交界的深山峡谷中，有一位用半边孱弱病残之躯，撑起一片教育蓝天，将满腔爱心和全部知识才华都奉献给山区学生的优秀教师。他，就是去年被评为"全国师德先进个人"的宣汉县鸡唱乡黄连村罗家梁小学土家族教师胡青贵。

身体残疾，生活上的困难也许还不足以吓倒胡青贵老师，真正让他作难的还是教学工作。讲课，他靠坐在竹椅上还好点；要直起身来

在黑板上板书就相当困难了。一天，当同学们正听得津津有味的时候，胡老师撑起身来打算到黑板前面去板书，不料却按翻了椅子，重重地摔到了地板上。同学们顿时惊慌失措，哭着，喊着，叫着，乱作一团。忙乱中，年幼力小的学生娃娃们怎么也没能把他扶起来。直待在右侧教室上课的赵老师闻讯赶来，方才将他扶上了竹椅。胡青贵老师却没事一般，反转而宽慰道："没得事！没得事！"他休息片刻，刚才喘过气来，又忍住剧烈疼痛继续上课了。这些年来，胡老师在讲台前究竟摔倒了多少次，又有多少次被跌得鼻青脸肿甚而头破血流，他自己说不清，学生娃娃们也记不清，只有讲台最清楚。若是讲台有情，讲台也定会掉下辛酸的泪水！

胡青贵老师就这样把自己满腔的爱心都献给了学生。20年来，他所教的复式班，各科教学质量连年都名列全乡同年级第一二名，入学率、巩固率均达100％！

胡青贵老师，用生命燃烧激情，用爱心谱写了一曲教育的颂歌。20年，是生命中的一大段。胡老师的教育激情就燃烧了20年，为教育事业流淌的绵绵忠诚，也流淌了20年。

长久以来，社会对我们教师的漠视、鄙夷、菲薄、边缘化，并没有湮灭我们的激情和良心。如果说免费师范生教育的重启拯救了教育的明天，那么，义务教育学校阶段全面实施绩效工资制度，却是实实在在滋润了我们的心田。教育，从来没有像今天这样提得这般响亮，教师，从来没有像今天这样得到重视和厚待，一种久违的尊严感、自豪感、幸福感洋溢在所有城市和乡村。国家的中长期教育发展规划更是给农村的教育吹来了一股强劲的春风，我们有理由憧憬美好的未来，陶醉

于杏坛的鸟语花香。我们更有责任担当世纪教改的重任，为钱学森"为什么中国的学校培养不出杰出人才"做出自己的注脚。

当激情刚起花蕾，蜂蝶萦绕，碎语飘摇，有多少无眠的饮泣，才换得这一枝独俏。

当激情含苞吐蕊，雷劈电击，风雨如磐，有多少滴血的挣扎，才赢得这红颜一露。

当激情开怀怒放，霜叠雪压，雾熏尘染，有多少绝地的反击，才摘得这旷世花魁。

德国哲学家雅斯贝尔斯说："教育是人的灵魂的教育。教育本身意味着一棵树摇动另一棵树，一朵云推动另一朵云，一个灵魂唤醒另一个灵魂。"让我们点燃心中熊熊的教育激情，唤醒青春热情的灵魂，坚守自我的职业风采，引领教育人生走向温暖、芬芳、深沉、博大！衣带渐宽终不悔，将教育激情燃烧到底！

章节感言 激情是生命永恒的旋律

世间事，都是要人干的。干，就该有一种干劲。干劲要十足，事情才做得有声有色。教书育人，最是人世间踏实而柔韧的工作。一个有志于教育的人，一个甘于终身从教的人，一个把生命融于教育的人，自然是善始善终，纵有千难万险，百折徊途，始终壮心不已，矢志不渝。真可谓，沧海横流方显英雄本色。孔子云："士不可以不弘毅，任重而道远。"教师，人类灵魂的工程师，太阳底下最光辉的职业，可以说，与

生俱来就被赋予了崇高的责任。做一个称职的教师，最难得的就是永葆一腔激情。因为，我们除了指间的粉笔，两袖的清风，一身的傲骨，余下的，挥洒不尽的就是这滔滔激情了。有了这不绝之激情，生命虽单薄但绝不单调；有了这不绝之激情，人生虽简单但绝不平庸；有了这不绝之激情，工作虽琐碎但绝不猥琐。就是这神奇的激情，让我们的生命熠熠生辉；让我们不以物喜，不以己悲，把心系在远方，风雨兼程，淡定从容；让我们一腔热血洒杏坛，三分傲骨逗英豪，把一个大大的人字，浓墨重彩写在理想的旗帜上；让生命之歌，激荡在岁月的长河里，人生因此而幸福和美，铿锵有力地有尊严地迈向未来……

后 记

　　激情,是看不见摸不着的无形之物,虽然给人以虚无缥缈的感觉,但它总是凭依在具体的对象上,总是与具体的对象结合在一起的。这即是激情的重要特点。

　　本书定名为《燃烧激情,做智慧的教师》,是因为我们追求的不是一般的泛泛而谈的随笔式的东西,而是比较深刻的理性之思。

　　我们的团队成员,包括本书的写作者在内,都不是专业的教育研究者,而是完完全全纯纯粹粹的一线教师。我们即便是有点理性思考,那也可能不很全面,可能达不到专业研究者的深度;我们即便是有丰富的实践经验,那也可能没有完全上升到理性的高度。不过有一点是肯定的,他们所拥有的一定的理性高度,往往是与实践联系在一起的,有一定的实践经验作支撑。因此,我们在写作本书的过程中,采用了理性论述、案例展示与案例评论相结合的体例。

　　我们知道,一线教师的阅读,毕竟不同于专家学者的阅读,案例展示与案例评论是我们最需要的,也是不可或缺的。所以,本书既具有理性的论述,也拥有案例的插入和案例的简要评论。理性内容与感性内容相结合,是本书最大的特点。

　　由于我们的思想积累与理论积累不够,写作本书很艰难,但我们都抱着一个共同的心愿——写出高质量的文字,对读者负责。我们团队的成员就是以这样的态度进行思考与写作,才有了今天这本放在你案头,捧在你手中的小书。

　　对于这本小书,不仅仅写作很艰难,就是前期的构思和策划,也经历了一个艰难的过程,历时两个多月。我们团队成员在反复交流,反复研讨,反复修改的基础上,最终才定了下来。可以说,这本书是我们团队成员集思广益的结果,是我们团队成员集体智慧的结晶。

　　说到策划,它毕竟只是一个理想的模型,一个想象中的思维成果。

有些问题,到了具体写作时才发现了它有许多不足之处。于是,在写作过程中,我们每一位写作者,又不断地进行修改和完善,最后才有了今天所看到的这个目录。

对于书稿的写作,更是一个不断打磨的过程。首先是每一位写作者与尚未完全定型的策划之间的互动与对话。这是一个基础,没有这个基础,本书的写作就会处于一个被动接受的过程,而不是主动建构的过程。以第一章的写作为例,笔者在看到策划稿之后,立即发现,有的内容之间存在着交叉与重复,甚至是逻辑秩序的不合理等问题。于是,我便开动自己的思维之车,进行反复思考,反复比对,才确定了下来。其他章节的写作,例如第六章,也都如此,我们都经过了反复打磨,力求精益求精。

需要说明的是,此书的写作得到多位朋友的支持与帮助。他们是:第一章,黄行福,第二章,李长滨、欧阳叶,第三章,吕新平,第四章,陈明,第五章,张奎,第六章,何立新。他们中的每一位都是对教育真正充满激情的师者,也正是这样,他们才写出了这样充满激情的深邃文字。

本书的成功写作与出版,都凝聚着团队成员共同的劳动智慧。每个章节的顺利完成,都凝聚了大家的劳动成果和智慧结晶。当然,我们也借鉴了很多专家和同行的智慧。可以说,没有大家的智慧,没有团队成员的全身心投入和参与,我们所看到的文字,就是肤浅的,粗糙的,不完美的。严格地说,本书中每一个章节的文字,都不仅仅属于某一个人,而是团队成员共同劳动的成果和智慧的结晶。

在此,我深深地谢谢大家!

钟发全

2013 年 6 月

郑 重 声 明

为保护广大读者的合法权益，打击盗版，本图书已加入全国质量监督防伪查询系统，采用了数码防伪技术，在每本书的封面均张贴了数码防伪标签，请广大读者刮开防伪标签涂层获取密码，并按以下方式辨别所购图书的真伪：

电话查询：4007072315（免通话费）

短信查询：把刮涂层获取的数码发送到13611233315（免短信费）

网站查询：www.707315.com

如密码不存在，发现盗版，可直接拨打15300036839进行举报，经核实后，给予举报者奖励，并承诺为举报者保密。